매일 l장 일본어 쓰기 습관 100일의 기적

S 시원스쿨닷컴

매일 1장 일본어 쓰기 습관
100일의 기적 [첫걸음]

초판 1쇄 발행 2024년 2월 28일

지은이 핫크리스탈(허수정)
펴낸곳 (주)에스제이더블유인터내셔널
펴낸이 양홍걸 이시원

홈페이지 www.siwonschool.com
주소 서울시 영등포구 영신로 166 시원스쿨
교재 구입 문의 02)2014-8151
고객센터 02)6409-0878

ISBN 979-11-6150-817-7 13730
Number 1-120101-26260400-09

수많은
일본어 학습서 중
이 책을 선택한 당신께 장담합니다.

지금 넘기는 이 첫 페이지가
당신의 가장 훌륭한 선택 중
하나가 될 것입니다.

매일 1장
100일

일본어 쓰기 습관의
놀라운 기적

練習が
完璧を
もたらす。

연습이
완벽을
만든다.

会社員です。私は学生です。私は韓国人です。こちらは禁

ですか。こちらは何のお店ですか。トイレはどこですか。

ぱり夏はアイスコーヒーだ。やっぱり冬はスキーだ。夏休

いつも海だ。今日もサラダ？明日も雨？あれは何？あそこ

宿駅です。ここが家です。彼が彼氏ですか。私はあなたの

ンです。夏は祭りの季節です。これはあなたのかばんです

운전을 책만 읽고 할 수 있을까요?
악셀, 브레이크, 핸들을 어떻게 조작하는지
책만 읽고 마스터하면 갑자기 운전의 고수가 될까요? 아닙니다.
'내가 직접 운전을 해 봐야' 실력이 늡니다.

외국어도 마찬가지입니다.
문법, 원어민이 자주 쓰는 단어와 표현들을
책만 읽고 머릿속에 다 넣으면 갑자기 외국어를 잘하게 될까요? 아닙니다.
'그렇게 배운 외국어를 직접 써 봐야' 실력이 늡니다.

유학 없이 외국어를 배우고 써 볼 수 있는
가장 가성비 좋은 학습법이 바로 '쓰기'입니다.
핵심 문장 100개와 나만의 문장 200개를 직접 쓰고 말하는
매일 1장 100일의 일본어 쓰기 습관은
여러분의 일본어가 실패 없이 날개를 달고
반드시 성공하게 만들어 줄 것입니다.

책의 구성 & 활용법

1 필기하기 편하도록 PUR 제본 방식으로 제작된 교재

본 교재는 필기를 편안하게 할 수 있도록 교재를 평평하게 펼쳐서 꾹꾹 눌러도 책이 파손되지 않고 필기를 안정적으로 할 수 있는 PUR 제본 방식으로 제작되었습니다. 또한 필기를 항상 '우측'에서 하기 때문에 대부분의 학습자에게 필기가 더욱 편안합니다.

2 학습 시작 전 기초 일본어 지식 탑재하기

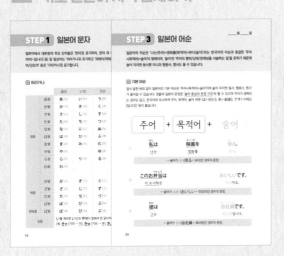

본격적인 학습을 시작하기 전 '[Preparation] 기본기 다지기' 섹션에서 기본적으로 알고 있어야 할 '(1) 일본어 문자 / (2) 필수 용어 / (3) 일본어 어순'을 학습합니다. 이러한 기초 지식을 미리 탑재해 두어야 매일의 학습을 훨씬 원활하게 진행할 수 있습니다.

3 매일 1개씩 100일간 100개의 기초 일본어 문장 & 문법 학습

준비 학습을 끝낸 후 '[Chapter 01~10] 매일 1장 100일 일본어 쓰기 학습'을 본격적으로 시작합니다. 매일의 쓰기 학습은 아래와 같이 '(1) 그날의 핵심 문장 파악 → (2) 문장 내 문법+문장 구조 + 어휘' 학습부터 시작합니다.

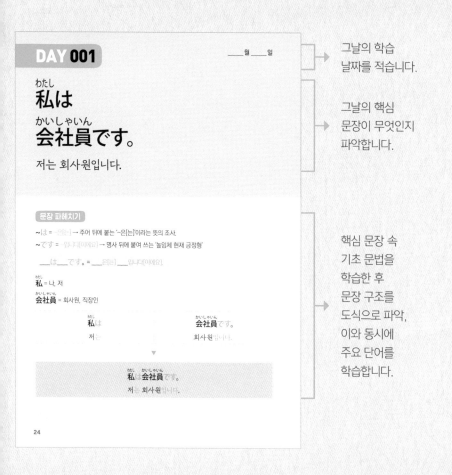

DAY 001

___월___일

わたし
私は
かいしゃいん
会社員です。

저는 회사원입니다.

문장 파헤치기

~は = ~은[는] → 주어 뒤에 붙는 '~은[는]'이라는 뜻의 조사.

~です = 입니다[이에요] → 명사 뒤에 붙여 쓰는 '높임체 현재 긍정형'

___は___です。= ___은[는] ___입니다[이에요].

わたし
私 = 나, 저

かいしゃいん
会社員 = 회사원, 직장인

わたし	かいしゃいん
私は	会社員です。
저는	회사원입니다.

▼

わたし かいしゃいん
私は 会社員です。
저는 회사원입니다.

24

그날의 학습
날짜를 적습니다.

그날의 핵심
문장이 무엇인지
파악합니다.

핵심 문장 속
기초 문법을
학습한 후
문장 구조를
도식으로 파악,
이와 동시에
주요 단어를
학습합니다.

책의 구성 & 활용법

4 매일 1장씩 100일간
300개 이상의 일본어 문장 쓰기 훈련

그날의 핵심 문장 속에 녹아 있는 '기초 문법, 문장 구조, 어휘'를 학습한 뒤엔 핵심 문장과 응용 문장을 직접 써 보고 마지막엔 모든 문장을 듣고 말하는 연습까지 해 봅니다. 매일의 일본어 쓰기는 아래와 같은 흐름으로 진행하시면 됩니다.

문장 3번 따라 쓰기

핵심 문장 1개를
3번씩 따라서
써 봅니다.

응용 문장 2번씩 쓰기

① 저는 학생입니다.

힌트 学生 = 학생

② 저는 한국 사람이에요.

힌트 韓国人 = 한국인, 한국 사람

배운 내용을
활용해 스스로
한글 문장 2개를
일본어로 바꿔서
각 2번씩 총 4번을
써 봅니다.

듣고 따라 말하기

응용 문장 모범 답안
① 私は学生です。
② 私は韓国人です。

MP3_001

QR코드를 찍어서
문장들의 음원을
듣고 따라 말하는
연습도 해 봅니다.

25

5 일일 학습 체크 일지 &
핵심 문법 총정리

독학은 '공부 습관 관리'를 스스로 하는 것이 매우 중요합니다. 따라서 매일의 학습을 끝낸 후엔 교재 앞쪽 '일일 학습 체크 일지'에 학습 날짜를 기재한 뒤 학습을 완료했다는 체크 표시(O)를 꼭 하시기 바랍니다. 그리고 책 한 권의 학습을 끝낸 후엔 '핵심 문법 총정리' 섹션을 보며 지금까지 배운 내용을 복습합니다.

6 체계적인 3단계 수준별
매일 1장 일본어 쓰기 학습 시리즈

'매일 1장 일본어 쓰기 습관 100일의 기적'은 '첫걸음-레벨업-마스터'의 3단계 레벨을 따라가며 공부할 수 있는 시리즈 도서입니다. 본 교재는 '첫걸음'에 해당합니다.

첫걸음	'기초' 일본어 문법 마스터 & 초급 문장 100+200개 쓰기 (일본어의 기본 어순 및 명사, 조사, 형용사, 동사의 기초 활용법 학습)
레벨업	'중급' 일본어 문법 마스터 & 중급 문장 100+200개 쓰기 (기초에서 업그레이드된 표현 및 접속사, 감탄사, 종조사 등을 학습)
마스터	'고급' 일본어 문법 마스터 & 고급 문장 100+200개 쓰기 (수동, 가능, 가정, 사역 표현 및 리액션, 관용어, 경어 등을 학습)

목차

일일 학습 체크 일지

매일의 학습을 끝낸 후 일일 학습 체크 일지에 기록을 남기면 뭔가를 성취했다는 뿌듯함을 느끼는 동시에 스스로를 관리하는 동기부여의 원천이 됩니다. 따라서 매일 1장 쓰기 학습을 끝낸 후 그에 해당하는 섹션에 학습 날짜를 적은 다음 완료했다는 체크 표시(O)를 하며 일지를 꽉꽉 채워 나가 보도록 하세요.

Preparation. 기본기 다지기		
Step 1	Step 2	Step 3
/	/	/

Chapter 01. [명사]이다									
001	002	003	004	005	006	007	008	009	010
/	/	/	/	/	/	/	/	/	/

Chapter 02. [명사]가 아니다									
011	012	013	014	015	016	017	018	019	020
/	/	/	/	/	/	/	/	/	/

Chapter 03. [い형용사]이다									
021	022	023	024	025	026	027	028	029	030
/	/	/	/	/	/	/	/	/	/

Chapter 04. [い형용사]이지 않다									
031	032	033	034	035	036	037	038	039	040
/	/	/	/	/	/	/	/	/	/

매일 1장

일본어 쓰기 습관
100일의 기적

私は日本語の勉強をする

PREPARATION
기본기 다지기

準備ができました

STEP 1 일본어 문자

일본어에서 대부분의 주요 단어들은 '한자'로 표기하며, 한자 외 부수어(예: 조사(~은[는]), 종결어미(~입니다) 등) 및 일상어는 '히라가나'로 표기하고 '외래어/의태어/의성어/동식물의 이름/고유어/강조어' 등은 '가타카나'로 표기합니다.

히라가나

		あ단	い단	う단	え단	お단
청음	あ행	あ [아]	い [이]	う [우]	え [에]	お [오]
	か행	か [카]	き [키]	く [쿠]	け [케]	こ [코]
	さ행	さ [사]	し [시]	す [스]	せ [세]	そ [소]
	た행	た [타]	ち [치]	つ [츠]	て [테]	と [토]
	な행	な [나]	に [니]	ぬ [누]	ね [네]	の [노]
	は행	は [하]	ひ [히]	ふ [후]	へ [헤]	ほ [호]
	ま행	ま [마]	み [미]	む [무]	め [메]	も [모]
	や행	や [야]		ゆ [유]		よ [요]
	ら행	ら [라]	り [리]	る [루]	れ [레]	ろ [로]
	わ행	わ [와]				を [오]
						ん [은]
탁음	が행	が [가]	ぎ [기]	ぐ [구]	げ [게]	ご [고]
	ざ행	ざ [자]	じ [지]	ず [즈]	ぜ [제]	ぞ [조]
	だ행	だ [다]	ぢ [지]	づ [즈]	で [데]	ど [도]
	ば행	ば [바]	び [비]	ぶ [부]	べ [베]	ぼ [보]
반탁음	ぱ행	ぱ [파]	ぴ [피]	ぷ [푸]	ぺ [페]	ぽ [포]
요음		い를 제외한 い단과 や행이 합해져 한 글자처럼 발음되는 소리. (예: きゃ [키야 → 캬], きゅ [키유 → 큐], きょ [키요 → 쿄])					

16

📋 가타카나

		ア단	イ단	ウ단	エ단	オ단
청음	ア행	ア [아]	イ [이]	ウ [우]	エ [에]	オ [오]
	カ행	カ [카]	キ [키]	ク [쿠]	ケ [케]	コ [코]
	サ행	サ [사]	シ [시]	ス [스]	セ [세]	ソ [소]
	タ행	タ [타]	チ [치]	ツ [츠]	テ [테]	ト [토]
	ナ행	ナ [나]	ニ [니]	ヌ [누]	ネ [네]	ノ [노]
	ハ행	ハ [하]	ヒ [히]	フ [후]	ヘ [헤]	ホ [호]
	マ행	マ [마]	ミ [미]	ム [무]	メ [메]	モ [모]
	ヤ행	ヤ [야]		ユ [유]		ヨ [요]
	ラ행	ラ [라]	リ [리]	ル [루]	レ [레]	ロ [로]
	ワ행	ワ [와]				ヲ [오]
						ン [은]
탁음	ガ행	ガ [가]	ギ [기]	グ [구]	ゲ [게]	ゴ [고]
	ザ행	ザ [자]	ジ [지]	ズ [즈]	ゼ [제]	ゾ [조]
	ダ행	ダ [다]	ヂ [지]	ヅ [즈]	デ [데]	ド [도]
	バ행	バ [바]	ビ [비]	ブ [부]	ベ [베]	ボ [보]
반탁음	パ행	パ [파]	ピ [피]	プ [푸]	ペ [페]	ポ [포]
요음		イ를 제외한 イ단과 ヤ행이 합해져 한 글자처럼 발음되는 소리. (예: シャ [시야 → 샤], シュ [시유 → 슈], ショ [시요 → 쇼])				

① '단'이란 같은 모음을 가진 문자들의 열을 뜻하고, '행'이란 같은 자음을 가진 문자들의 행을 뜻합니다. (예: あ단은 [ㅏ] 모음의 열, か행은 [ㅋ] 자음의 행)

② '청음'은 탁점(ﾞ)/반탁점(ﾟ)이 붙지 않는 맑은 소리, '탁음/반탁음'은 글자 오른쪽 윗부분에 '탁점/반탁점'이 붙는 탁한 소리를 말합니다.

③ 'か행, た행, ぱ행'은 2음절부터는 [까/끼/꾸/께/꼬], [따/찌/쯔,떼/또], [빠/삐/뿌/뻬/뽀]로 발음되고, 'は[하]'는 '주격 조사(~은[는])'로 활용될 때 [와]로 발음됩니다.

17

STEP 2 필수 용어

일본어는 한국어와 어순이 같고 비슷한 면이 많아 쉽게 느껴질 수 있지만 아무래도 모국어가 아닌 이상 '기초적인 일본어 문법 용어'를 알아야 공부를 순조롭게 해 나갈 수 있습니다. 이번엔 대표적인 일본어 문법 용어를 정리해 보겠습니다.

📓 후리가나(루비)

わたし
私

일본어 한자 읽는 법을 한자 위에 히라가나로 표기하는 체계를 '후리가나'라고 합니다('루비'라고도 지칭). 예를 들어, 왼쪽의 '私'라는 일본어 한자는 'わたし(와타시)'라고 읽는데, 이렇게 'わたし(와타시)'라고 읽는 방법을 한자(私) 위에 히라가나(わたし)로 표기한 것이 바로 '후리가나(루비)'입니다. 따라서 본 교재로 공부하며 나오는 일본어 한자들을 읽을 땐 한자 위에 달려 있는 '후리가나(루비)'를 참고하면 됩니다.

📓 명사

'명사'란 아래에 나온 예시에서 볼 수 있듯 '나, 나무, 서울'과 같이 '사람/사물/장소와 같은 구체적인 대상, '사랑, 감사, 힘'과 같은 추상적인 개념, '누구, 무엇, 이것, 여기'와 같은 의문사나 지시사를 지칭하는 말을 뜻합니다.

わたし 私(나)	ちち とう 父・お父さん(아버지)	がくせい 学生(학생)
き 木(나무)	かばん(가방)	くるま 車(차)
ソウル(서울)	かいしゃ 会社(회사)	えき 駅(역)
あい 愛(사랑)	かんしゃ 感謝(감사)	ちから 力(힘)
だれ 誰(누구)	なに 何(무엇)	いつ(언제)
これ(이것)	こちら(여기)	どっち(어느 쪽)

📋 형용사

'형용사'란 '예쁘다, 맛있다, 유명하다'와 같이 사람이나 사물의 성질/상태를 묘사하는 말이며, 일본어 형용사는 크게 'い형용사'와 'な형용사'로 나뉩니다.

い형용사	기본형이 -い인 형용사
	かわい**い**(예쁘다) / 高**い**(높다; 비싸다) / おいし**い**(맛있다)
な형용사	기본형이 -だ인 형용사 (단, '~한, ~인'이 될 땐 だ가 な로 변화)
	静か**だ**(조용하다) / 好き**だ**(좋아하다) / 有名**だ**(유명하다)

📋 동사

'동사'란 '만나다, 먹다, 하다, 돌아가다'와 같이 사람이나 사물의 동작/행위를 나타내는 말이며, 일본어 동사는 크게 '1그룹 동사, 2그룹 동사, 3그룹 동사, 예외 1그룹 동사'로 나뉩니다. (*동사별 형태/활용법 에 대해선 뒤에서 차근차근 학습할 예정)

1그룹 동사	2그룹 동사	3그룹 동사	예외 1그룹 동사
会う(만나다)	食べる(먹다)	する(하다)	帰る(돌아가다)
行く(가다)	着る(입다)	来る(오다)	切る(자르다)

📋 조사

'조사'란 '나는, 가방은, 무엇이'와 같이 체언 뒤에 붙어 말의 뜻을 도와주는 역할을 하는 요소를 말하 며, 일본어 조사엔 아래와 같은 것들이 있습니다.

は ~은[는]	が ~이[가]	を ~을[를]	に ~에	で ~에서[로]

📋 부사

'부사'란 '조금 먹는다, 매우 덥다, 전혀 모른다'와 같이 사람이나 사물의 상태/행위의 정도를 묘사할 때 쓰는 말이며, 보통 동사와 형용사를 수식합니다.

ちょっと(조금)	とても(매우)	全然(전혀)	あまり(별로)

STEP 3 일본어 어순

일본어의 어순은 '나는(주어)+영화를(목적어)+본다(술어)'라는 한국어의 어순과 동일한 '주어
+(목적어)+술어'의 형태이며, '술어'란 '주어의 행위/상태/정체성을 서술하는 말'을 뜻하기 때문에
술어 자리엔 동사뿐 아니라 형용사, 명사도 올 수 있습니다.

🗒 기본 어순

앞서 말한 바와 같이 일본어의 기본 어순은 '주어+(목적어)+술어'이며 술어 자리엔 '동사, 형용사, 명사'
가 들어갈 수 있습니다. 덧붙여 일본어 문장은 <u>술어 중심의 문장 구조</u>'라 할 수 있으며 주어가 생략되
는 경우도 많고, 한국어와 유사하게 주어, 목적어, 술어 뒤에 'は(~은[는]), を(~을[를]), です(~이에요
[입니다])' 등이 붙습니다.

주어 + 목적어 + 술어

①
わたし
私は
나는

えいが
映画を
영화를

み
見る。
본다.

→ 술어가 동사(見る = 보다)인 경우의 문장.

②
べんとう
このお弁当は
이 도시락은

おいしいです。
맛있어요.

→ 술어가 형용사(おいしい = 맛있다)인 경우의 문장.

③
かれ
彼は
그는

かいしゃいん
会社員です。
회사원입니다.

→ 술어가 명사(会社員 = 회사원)인 경우의 문장.

그리고 '주어+(목적어)+술어'라는 기본 어순에 다른 요소들이 붙게 되면 이들이 문장 내에 위치하는
순서 또한 한국어와 크게 차이가 없습니다.

주어	기타 요소			목적어	술어
わたし 私は	あさ 朝	ともだち 友達と	いっしょに 一緒に	コーヒーを	の 飲みました。
저는	아침에	친구와	함께	커피를	마셨습니다.

📖 주어 생략 & 품사 도치

일본어 문장에선 주어가 생략되거나 문장 내 품사가 도치되는 경우도 있습니다.

· かれ にほんご おし
彼に日本語を教えてもらいました。(주어 '나는(わたし
私は)'이 생략됨.)

그에게 일본어를 가르침 받았습니다.

· かいぞくおう   おれ
海賊王に俺はなる!('나는'과 '해적왕이'가 도치됨.)

해적왕이 <u>나는</u> 될 거야! (= 나는 해적왕이 될 거야!)

📖 일본어 문장의 문체/시제/형태

문체	높임체	'~입니다[이에요]'와 같은 정중한 문체.
	반말체	'~이다[야]'와 같은 편안한 문체.
시제	현재	현재 시제로 '현재 혹은 미래'에 대해 말할 수 있음.
	과거	과거 시제로 '과거'에 대해 말할 수 있음.
형태	긍정형	'~이다[야], ~입니다[이에요]'와 같은 긍정 형태.
	부정형	'~이지 않다[않아], ~이지 않습니다[않아요]'와 같은 부정 형태.
	의문형	[긍정 의문형] '~야/입니까/인가요?'와 같은 질문 형태. [부정 의문형] '~이지 않아/않습니까/않아요?'와 같은 질문 형태.

예시 いま   よる
今アメリカは夜じゃない?(지금 미국은 밤이 아니야?)

→ 위 문장은 '<u>반말체 현재 부정 의문형</u>'이라 할 수 있음.

21

매일 1장

일본어 쓰기습관
100일의 기적

私は日本語の勉強をする

CHAPTER 01

[명사]이다

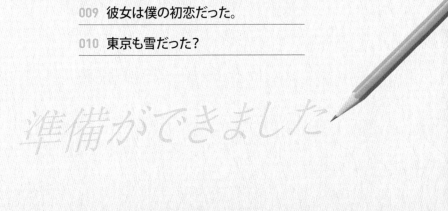

準備ができました

わたし
私は

かいしゃいん
会社員です。

저는 회사원입니다.

문장 파헤치기

~は = ~은[는] → 주어 뒤에 붙는 '~은[는]'이라는 뜻의 조사.

~です = ~입니다[이에요] → 명사 뒤에 붙여 쓰는 '높임체 현재 긍정형'

___は___です。= ___은[는] ___입니다[이에요].

わたし
私 = 나, 저

かいしゃいん
会社員 = 회사원, 직장인

わたし 私は	かいしゃいん 会社員です。
저는	회사원입니다.

▼

わたし　　かいしゃいん
私は会社員です。

저는 회사원입니다.

문장 3번 따라 쓰기

응용 문장 2번씩 쓰기

① 저는 학생입니다.

힌트 $\overset{がくせい}{学生}$ = 학생

② 저는 한국 사람이에요.

힌트 $\overset{かんこくじん}{韓国人}$ = 한국인, 한국 사람

듣고 따라 말하기

MP3_001

응용 문장 모범 답안

① $\overset{わたし}{私}$は$\overset{がくせい}{学生}$です。

② $\overset{わたし}{私}$は$\overset{かんこくじん}{韓国人}$です。

25

こちらは
きんえんせき
禁煙席ですか。

여기는 금연석인가요?

~ですか = ~입니까[이에요]?

→ 명사 뒤에 붙여 쓰는 '높임체 현재 긍정 의문형'

___は___ですか。 = ___은[는] ___입니까[이에요]?

こちら = 이쪽, 여기, 이곳 (방향을 나타내는 지시어)

→ *こちら는 경우에 따라 '사람'을 가리켜 '이분'이라고도 해석됨.

きんえんせき
禁煙席 = 금연석

こちらは	きんえんせき 禁煙席ですか。
여기는	금연석인가요?

▼

きんえんせき
こちらは禁煙席ですか。

여기는 금연석인가요?

문장 3번 따라 쓰기

응용 문장 2번씩 쓰기

① 여기는 무슨 가게예요?

힌트 何の = 무슨 / (お)店 = 가게 (*お를 단어 앞에 붙이면 공손함·친숙함이 더해짐.)

② 화장실은 어디예요?

힌트 トイレ = 화장실 / どこ = 어디

듣고 따라 말하기

응용 문장 모범 답안

① こちらは何のお店ですか。

② トイレはどこですか。

27

やっぱり
<ruby>夏<rt>なつ</rt></ruby>はアイスコーヒーだ。

역시 여름은 아이스커피야.

문장 파헤치기

~だ = ~이다[야]

→ 명사 뒤에 붙여 쓰는 '반말체 현재 긍정형'

___は___だ。 = ___은[는] ___이다[야].

やっぱり = 역시 (부사는 '주어의 앞 혹은 뒤'에 위치)

<ruby>夏<rt>なつ</rt></ruby> = 여름

アイスコーヒー = 아이스커피

やっぱり	<ruby>夏<rt>なつ</rt></ruby>は	アイスコーヒーだ。
역시	여름은	아이스커피야.

▼

やっぱり<ruby>夏<rt>なつ</rt></ruby>はアイスコーヒーだ。

역시 여름은 아이스커피야.

문장 3번 따라 쓰기

응용 문장 2번씩 쓰기

① 역시 겨울은 스키야.

힌트 　冬 = 겨울 / スキー = 스키

② 여름 방학은 항상 바다야. (= 여름 방학엔 항상 바다에 가.)

힌트 　夏休み = 여름 방학 / いつも = 항상 / 海 = 바다

듣고 따라 말하기

응용 문장 모범 답안

① やっぱり冬はスキーだ。

② 夏休みはいつも海だ。

<ruby>今日<rt>きょう</rt></ruby>も

サラダ?

오늘도 샐러드야?

문장 파헤치기

___は___? = ___은[는] ___야?

→ 'A[주어]는 B[명사]야?'라는 뜻의 '반말체 현재 긍정 의문형'은
   'A는 B'라는 문장 끝을 올려 읽기만 하면 됨.

~も = ~도 → 주어 뒤에 붙는 '~도'라는 뜻의 조사.

___も___? = ___도 ___야?

<ruby>今日<rt>きょう</rt></ruby> = 오늘 / **サラダ** = 샐러드

<ruby>今日<rt>きょう</rt></ruby>も	サラダ?
오늘도	샐러드야?

▼

<ruby>今日<rt>きょう</rt></ruby>もサラダ?

오늘도 샐러드야?

문장 3번 따라 쓰기

응용 문장 2번씩 쓰기

① 내일도 비야? (= 내일도 비가 와?)

힌트 明日〔あした〕 = 내일 / 雨〔あめ〕 = 비

② 저것은 뭐야?

힌트 あれ = 저것 / 何〔なに〕 = 무엇, 뭐

듣고 따라 말하기

MP3_004

응용 문장 모범 답안

① 明日〔あした〕も雨〔あめ〕?

② あれは何〔なに〕?

31

あそこが
しんじゅくえき
新宿駅です。

저기가 신주쿠역입니다.

~が = ~이[가] → 주어 뒤에 붙는 '~이[가]'라는 뜻의 조사.

___가___です。 = ___이[가] ___입니다[이에요].

___가___ですか。 = ___이[가] ___입니까[이에요]?

___가___だ。 = ___이[가] ___이다[야].

___가___? = ___이[가] ___야?

あそこ = 저기, 저쪽 / 新宿 = 신주쿠 (지명) / 駅 = 역

あそこが	新宿駅です。
저기가	신주쿠역입니다.

▼

あそこが **新宿駅**です。

저기가 신주쿠역입니다.

문장 3번 따라 쓰기

응용 문장 2번씩 쓰기

① 여기가 집입니다.

힌트 ここ = 여기 / 家 = 집

② 그가 남자친구입니까?

힌트 彼 = 그 / 彼氏 = 남자친구

듣고 따라 말하기

MP3_005

응용 문장 모범 답안

① ここが家です。

② 彼が彼氏ですか。

33

DAY 006

<ruby>私<rt>わたし</rt></ruby>は

あなたのファンです。

저는 당신의 팬입니다.

문장 파헤치기

__の__ = __의 __

→ **の**는 명사와 명사를 이어주는 '~의'라는 뜻의 조사.

あなた = 당신, 그대

ファン = 팬

→ **あなたのファン** = 당신의 팬

　あなたのファンです = 당신의 팬입니다

<ruby>私<rt>わたし</rt></ruby>は	あなたのファンです。
저는	당신의 팬입니다.

▼

<ruby>私<rt>わたし</rt></ruby>は**あなたのファン**です。

저는 당신의 팬입니다.

문장 3번 따라 쓰기

응용 문장 2번씩 쓰기

① 여름은 축제의 계절입니다.

힌트 　夏 = 여름 / 祭り = 축제 / 季節 = 계절

② 이것은 당신의 가방인가요?

힌트 　これ = 이것 / あなた = 당신, 그대 / かばん = 가방

듣고 따라 말하기

응용 문장 모범 답안

① 夏は祭りの季節です。

② これはあなたのかばんですか。

今日のお昼ごはんは
<ruby>今<rt>きょう</rt></ruby>日の<ruby>お昼<rt>ひる</rt></ruby>ごはんは

おにぎりでした。

오늘 점심밥은 주먹밥이었습니다.

문장 파헤치기

___でした = ___이었습니다[이었어요]

→ 명사 뒤에 붙여 쓰는 '높임체 과거 긍정형'

今日<ruby><rt>きょう</rt></ruby> = 오늘 / **昼ごはん**<ruby><rt>ひる</rt></ruby> = 점심밥

→ **今日のお昼ごはん**<ruby><rt>きょう</rt></ruby><ruby><rt>ひる</rt></ruby> = 오늘(의) 점심밥

(*お(御) = 공손한·친숙한·존경하는 느낌을 더할 때 단어 앞에 붙여 쓰는 말.)

おにぎり = 주먹밥, 삼각김밥

今日のお昼ごはんは	おにぎりでした。
오늘 점심밥은	주먹밥이었습니다.

▼

今日のお昼ごはんはおにぎりでした。

오늘 점심밥은 주먹밥이었습니다.

문장 3번 따라 쓰기

◎

◎

◎

응용 문장 2번씩 쓰기

① 취미는 게임이었습니다.

힌트 趣味(しゅみ) = 취미 / ゲーム = 게임

◎

◎

② 어제는 제 생일이었습니다.

힌트 昨日(きのう) = 어제 / 私(わたし)の = 저의[제] / 誕生日(たんじょうび) = 생일

◎

◎

듣고 따라 말하기

MP3_007

응용 문장 모범 답안

① 趣味(しゅみ)はゲームでした。

② 昨日(きのう)は私(わたし)の誕生日(たんじょうび)でした。

37

DAY 008

日本語のテスト<ruby>に<rt></rt></ruby>は
にほんご

いつでしたか。

일본어 시험은 언제였습니까?

___でしたか = ___이었습니까[이었어요]?

→ 명사 뒤에 붙여 쓰는 '높임체 과거 긍정 의문형'

日本語 = 일본어 / **テスト** = 시험, 테스트
にほんご

→ **日本語のテスト** = 일본어(의) 시험
にほんご

いつ = 언제

日本語のテストは	いつでしたか。
일본어 시험은	언제였습니까?

▼

日本語のテストはいつでしたか。
일본어 시험은 언제였습니까?

문장 3번 따라 쓰기

응용 문장 2번씩 쓰기

① 영화는 어땠습니까?

힌트 　映画 = 영화 / どう = 어떻게
えい が

② 그것은 누구의 스마트폰이었나요?

힌트 　それ = 그것 / 誰 = 누구 / スマホ = 스마트폰
だれ

듣고 따라 말하기

MP3_008

응용 문장 모범 답안

① 映画はどうでしたか。
えい が

② それは誰のスマホでしたか。
だれ

39

DAY 009

かのじょ
彼女は

ぼく　　　　はつこい
僕の初恋だった。

그녀는 내 첫사랑이었어.

문장 파헤치기

___だった = ___이었다[이었어]

→ 명사 뒤에 붙여 쓰는 '반말체 과거 긍정형'

かのじょ
彼女 = 그녀, 여자친구

ぼく
僕 = 나 → '남성'이 본인을 가리킬 때 쓰는 1인칭 대명사

はつこい　　　　　　　　　　　ぼく　はつこい
初恋 = 첫사랑 → **僕の初恋** = 나의[내] 첫사랑

かのじょ **彼女は**	ぼく　　はつこい **僕の初恋だった。**
그녀는	내 첫사랑이었어.

▼

かのじょ　ぼく　はつこい
彼女は僕の初恋だった。

그녀는 내 첫사랑이었어.

문장 3번 따라 쓰기

응용 문장 2번씩 쓰기

① 내 꿈은 축구선수였어.

힌트 夢(ゆめ) = 꿈 / サッカー選手(せんしゅ) = 축구선수

② 그의 집은 산속이었다.

힌트 彼(かれ) = 그 / 家(いえ) = 집 / 山(やま)の中(なか) = 산속

듣고 따라 말하기

MP3_009

응용 문장 모범 답안

① 僕(私)(ぼく わたし)の夢(ゆめ)はサッカー選手(せんしゅ)だった。

② 彼(かれ)の家(いえ)は山(やま)の中(なか)だった。

41

東京も
とうきょう

雪だった?
ゆき

도쿄도 눈이 왔어?

문장 파헤치기

___だった? = ___이었어?

→ '~(명사)였어?'라는 뜻의 '반말체 과거 긍정 의문형'은

'~(명사)였어.'라는 '반말체 과거 긍정형'을 올려 읽기만 하면 됨.

とうきょう
東京 = 도쿄 (일본의 수도)

ゆき
雪 = 눈

とうきょう **東京**も	ゆき **雪**だった?
도쿄도	눈이었어[눈이 왔어]?

▼

とうきょう ゆき
東京も**雪**だった?

도쿄도 눈이었어[눈이 왔어]?

문장 3번 따라 쓰기

응용 문장 2번씩 쓰기

① 너도 이 학교(의) 학생이었어?

힌트 君 = 너 / この = 이 / 学校 = 학교 / 学生 = 학생

② 어떤 케이크였어?

힌트 どんな = 어떤 / ケーキ = 케이크

듣고 따라 말하기

응용 문장 모범 답안

① 君もこの学校の学生だった?

② どんなケーキだった?

매일 1장

일본어 쓰기 습관
100일의 기적

私は日本語の勉強をする

CHAPTER 02

[명사]가 아니다

準備ができました

<ruby>月曜日<rt>げつよう び</rt></ruby>は

<ruby>休<rt>やす</rt></ruby>みじゃありません。

월요일은 쉬는 날이 아닙니다.

___じゃありません = ___이[가] 아닙니다[아니에요]

→ 명사 뒤에 붙여 쓰는 '높임체 현재 부정형'

<ruby>休<rt>やす</rt></ruby>み = 쉬는 날, 휴일, 방학, 휴가

→ <ruby>休<rt>やす</rt></ruby>みじゃありません = 쉬는 날이 아닙니다

<ruby>月曜日<rt>げつよう び</rt></ruby> = 월요일

<ruby>月曜日<rt>げつよう び</rt></ruby>は	<ruby>休<rt>やす</rt></ruby>みじゃありません。
월요일은	쉬는 날이 아닙니다.

▼

<ruby>月曜日<rt>げつよう び</rt></ruby>は <ruby>休<rt>やす</rt></ruby>みじゃありません。

월요일은 쉬는 날이 아닙니다.

문장 3번 따라 쓰기

응용 문장 2번씩 쓰기

① 이것은 내 우산이 아닙니다.

힌트 これ = 이것 / 私(わたし)の = 나의[내] / 傘(かさ) = 우산

② 당신은 혼자가 아닙니다.

힌트 あなた = 당신 / ひとり = 혼자, 한사람

듣고 따라 말하기

응용 문장 모범 답안

① これは私(わたし)の傘(かさ)じゃありません。

② あなたはひとりじゃありません。

47

まだ
<ruby>大人<rt>おとな</rt></ruby>じゃないです。

아직 어른이 아니에요.

문장 파헤치기

___じゃないです = ___이[가] 아니에요[아닙니다]

→ 명사 뒤에 붙여 쓰는 '높임체 현재 부정형'

 (*'~**じゃありません**'보다 좀 더 부드럽고 일상적인 어투)

<ruby>大人<rt>おとな</rt></ruby> = 어른

→ <ruby>大人<rt>おとな</rt></ruby>じゃないです = 어른이 아니에요

まだ = 아직

まだ	<ruby>大人<rt>おとな</rt></ruby>じゃないです。
아직	어른이 아니에요.

▼

まだ<ruby>大人<rt>おとな</rt></ruby>じゃないです。

아직 어른이 아니에요.

48

문장 3번 따라 쓰기

응용 문장 2번씩 쓰기

① 저는 유튜버가 아니에요.

힌트 ユーチューバー = 유튜버

② 아직 1시가 아니에요.

힌트 1 時(いちじ) = 1시

듣고 따라 말하기

응용 문장 모범 답안

① 私(わたし)はユーチューバーじゃないです。

② まだ 1 時(いちじ)じゃないです。

もしかして
田中さんじゃありませんか。

혹시 다나카 씨 아닙니까?

___じゃありませんか = ___이[가] 아닙니까[아니에요]?

→ 명사 뒤에 붙여 쓰는 '높임체 현재 부정 의문형'

~さん = ~ 씨 (사람 이름 뒤에 붙여 그 사람을 높이거나 대접해 부르는 말)

→ **~さん**じゃありませんか = ~ 씨가 아닙니까?

田中 = 다나카 (사람 이름)

もしかして = 혹시, 어쩌면

もしかして	田中さんじゃありませんか。
혹시	다나카 씨(가) 아닙니까?

▼

もしかして田中さんじゃありませんか。

혹시 다나카 씨(가) 아닙니까?

문장 3번 따라 쓰기

응용 문장 2번씩 쓰기

① 그것은 사랑이 아닙니까?

힌트 それ = 그것 / 愛(あい) = 사랑

② 여기는 카페가 아닙니까?

힌트 ここ = 여기, 이곳 / カフェ = 카페

듣고 따라 말하기

응용 문장 모범 답안

① それは愛(あい)じゃありませんか。

② ここはカフェじゃありませんか。

あなたの
タイプじゃないですか。

당신의 스타일이 아니에요?

___じゃないですか = ___이[가] 아니에요[아닙니까?]

→ 명사 뒤에 붙여 쓰는 '높임체 현재 부정 의문형'

('**~じゃありませんか**'보다 좀 더 부드럽고 일상적인 어투)

あなた = 당신 / **タイプ** = 스타일, 타입

→ **あなたのタイプ**じゃないですか = 당신의 스타일이 아니에요?

あなたの	**タイプじゃないですか。**
당신의	스타일이 아니에요?

▼

あなたのタイプじゃないですか。

당신의 스타일이 아니에요?

문장 3번 따라 쓰기

응용 문장 2번씩 쓰기

① 저 사람은 당신의 친구가 아니에요?

힌트 あの = 저, 그 / 人(ひと) = 사람 / 友達(ともだち) = 친구

② 스무 살이 아니에요?

힌트 二十歳(はたち) = 스무 살

듣고 따라 말하기

MP3_014

응용 문장 모범 답안

① あの人(ひと)はあなたの友達(ともだち)じゃないですか。

② 二十歳(はたち)じゃないですか。

53

この服は

セールじゃない。

이 옷은 세일이 아니야.

문장 파헤치기

___じゃない = ___이[가] 아니다[아니야]

→ 명사 뒤에 붙여 쓰는 '반말체 현재 부정형'

セール = 세일

→ **セールじゃない** = 세일이 아니야

この = 이 / **服** = 옷

→ **この服** = 이 옷

この服は	セールじゃない。
이 옷은	세일이 아니야.

▼

この服はセールじゃない。

이 옷은 세일이 아니야.

문장 3번 따라 쓰기

응용 문장 2번씩 쓰기

① 아직 봄이 아니야.

힌트 まだ = 아직 / 春 = 봄

② 호주는 아시아가 아니다.

힌트 オーストラリア = 호주 / アジア = 아시아

듣고 따라 말하기

MP3_015

응용 문장 모범 답안
① まだ春じゃない。

② オーストラリアはアジアじゃない。

いま
今アメリカは
よる
夜じゃない？

지금 미국은 밤이 아니야?

___ じゃない？ = ___ 이[가] 아니야?

→ '반말체 현재 부정 의문형'은 '반말체 현재 부정형'의 끝을 올려 읽으면 됨.

夜 (よる) = 밤

→ **夜じゃない？** (よる) = 밤이 아니야?

今 (いま) = 지금

アメリカ = 미국

今 (いま)	アメリカは	夜じゃない？ (よる)
지금	미국은	밤이 아니야?

▼

今アメリカは夜じゃない？ (いま) (よる)

지금 미국은 밤이 아니야?

문장 3번 따라 쓰기

응용 문장 2번씩 쓰기

① 저것은 선생님의 차 아니야?

힌트 **あれ** = 저것 / **先生**^{せんせい} = 선생님 / **車**^{くるま} = 차

② 지금 고등학생이 아니야?

힌트 **今**^{いま} = 지금 / **高校生**^{こうこうせい} = 고등학생

듣고 따라 말하기

응용 문장 모범 답안

① あれは先生^{せんせい}の車^{くるま}じゃない?

② 今高校生^{いまこうこうせい}じゃない?

57

あの日の約束は
ウソじゃありませんでした。

그날의 약속은 거짓말이 아니었습니다.

___じゃありませんでした = ___이[가] 아니었습니다[아니었어요]

→ 명사 뒤에 붙여 쓰는 '높임체 과거 부정형'

ウソ = 거짓말

→ **ウソ**じゃありませんでした = 거짓말이 아니었습니다

あの日 = 그날 / **約束** = 약속

→ **あの日の約束** = 그날의 약속

あの日の約束は	**ウソ**じゃありませんでした。
그날의 약속은	거짓말이 아니었습니다.

▼

あの日の約束は**ウソ**じゃありませんでした。

그날의 약속은 거짓말이 아니었습니다.

문장 3번 따라 쓰기

응용 문장 2번씩 쓰기

① 오늘은 쓰레기 버리는 날이 아니었습니다.

힌트 今日^{きょう} = 오늘 / ゴミの日^ひ = 쓰레기의 날 → 쓰레기 버리는 날

② 호텔은 서울이 아니었습니다.

힌트 ホテル = 호텔 / ソウル = 서울

듣고 따라 말하기

응용 문장 모범 답안

① 今日^{きょう}はゴミの日^ひじゃありませんでした。

② ホテルはソウルじゃありませんでした。

いつもの
お弁当じゃなかったです。

늘 먹던 도시락이 아니었어요.

문장 파헤치기

___じゃなかったです = ___이[개] 아니었어요[아니었습니다]

→ 명사 뒤에 붙여 쓰는 '높임체 과거 부정형'

  (*'~じゃありませんでした'보다 좀 더 부드럽고 일상적인 어투)

いつもの = 평소의, 늘 하던 / **弁当** = 도시락

→ **いつものお弁当じゃなかったです** = 늘 먹던 도시락이 아니었어요

  (*단어 앞에 お를 붙이면 공손한·친숙한·부드러운 느낌을 더함.)

いつもの	**お弁当じゃなかったです。**
늘 먹던	도시락이 아니었어요.

▼

いつものお弁当じゃなかったです。

늘 먹던 도시락이 아니었어요.

문장 3번 따라 쓰기

응용 문장 2번씩 쓰기

① 역시 감기가 아니었어요.

힌트 やっぱり = 역시 / 風邪(かぜ) = 감기

② 영어 수업이 아니었어요.

힌트 英語(えいご)の授業(じゅぎょう) = 영어(의) 수업

듣고 따라 말하기

응용 문장 모범 답안

① やっぱり風邪(かぜ)じゃなかったです。

② 英語(えいご)の授業(じゅぎょう)じゃなかったです。

ぜんぜん
全然

イケメンじゃなかった。

전혀 훈남이 아니었어.

문장 파헤치기

___じゃなかった = ___이[가] 아니었다[아니었어]

→ 명사 뒤에 붙여 쓰는 '반말체 과거 부정형'

イケメン = 훈남, 꽃미남

→ **イケメンじゃなかった** = 훈남[꽃미남]이 아니었어

ぜんぜん
全然 = 전혀

ぜんぜん **全然**	**イケメンじゃなかった。**
전혀	훈남이 아니었어.

▼

ぜんぜん
全然イケメンじゃなかった。

전혀 훈남이 아니었어.

문장 3번 따라 쓰기

응용 문장 2번씩 쓰기

① 기념일은 오늘이 아니었다.

힌트 記念日（きねんび） = 기념일 / 今日（きょう） = 오늘

② 아침밥은 빵이 아니었어.

힌트 朝（あさ）ごはん = 아침밥 / パン = 빵

듣고 따라 말하기

MP3_019

응용 문장 모범 답안

① 記念日（きねんび）は今日（きょう）じゃなかった。

② 朝（あさ）ごはんはパンじゃなかった。

将来の夢は

アイドルじゃなかったですか。

장래희망은 아이돌이 아니었나요?

문장 파헤치기

___じゃなかったですか = ___이[가] 아니었어요[아니었습니까?]

→ 명사 뒤에 붙여 쓰는 '높임체 과거 부정 의문형'

アイドル = 아이돌

→ **アイドルじゃなかったですか** = 아이돌이 아니었나요?

将来 = 장래 / **夢** = 꿈, 희망

→ **将来の夢** = 장래의 희망 → 장래희망

将来の夢は	アイドルじゃなかったですか。
장래희망은	아이돌이 아니었나요?

▼

将来の夢はアイドルじゃなかったですか。

장래희망은 아이돌이 아니었나요?

64

문장 3번 따라 쓰기

응용 문장 2번씩 쓰기

① 오늘도 아르바이트가 아니었어요?

힌트 今日 = 오늘 / アルバイト = 아르바이트
(きょう)

② 취미는 코스프레가 아니었나요?

힌트 趣味 = 취미 / コスプレ = 코스프레 (コスチュームプレー의 줄임말)
(しゅみ)

듣고 따라 말하기

MP3_020

응용 문장 모범 답안

① 今日もアルバイトじゃなかったですか。
  (きょう)

② 趣味はコスプレじゃなかったですか。
  (しゅみ)

매일 1장

일본어 쓰기 습관
100일의 기적

私は日本語の勉強をする

CHAPTER 03
[い형용사]이다

準備ができました

DAY 021

ここはチーズケーキが とてもおいしいです。

여기는 치즈 케익이 정말 맛있습니다.

문장 파헤치기

い형용사 = 어미가 **い**인 형용사. ('어간 + 어미(**い**)'의 형태)

おいし(어간) + い(어미) → **おいしい** = 맛있다

い형용사 + です = _____입니다[이에요]

→ **い**형용사 뒤에 **です**를 붙이면 '높임체 현재 긍정형'이 됨.

おいしい = 맛있다 → **おいしいです** = 맛있습니다

ここ = 여기 / **チーズケーキ** = 치즈 케익 / **とても** = 정말

ここは	**チーズケーキが**	**とてもおいしいです。**
여기는	치즈 케익이	정말 맛있습니다.

▼

ここはチーズケーキがとてもおいしいです。

여기는 치즈 케익이 정말 맛있습니다.

문장 3번 따라 쓰기

응용 문장 2번씩 쓰기

① 오늘은 바람이 강합니다.

힌트 今日_{きょう} = 오늘 / 風_{かぜ} = 바람 / 強_{つよ}い = 강하다

② 저는 한국 영화가 재미있습니다.

힌트 韓国映画_{かんこくえいが} = 한국 영화 / 面白_{おもしろ}い = 재미있다

듣고 따라 말하기

MP3_021

응용 문장 모범 답안

① 今日_{きょう}は風_{かぜ}が強_{つよ}いです。

② 私_{わたし}は韓国映画_{かんこくえいが}が面白_{おもしろ}いです。

DAY 022

さいきん
最近は

まいにち　　たの
毎日が楽しい。

요새는 매일이 즐거워.

문장 파헤치기

い형용사 = ___이다[야]

→ **い**형용사의 '반말체 현재 긍정형'은 뒤에 아무것도 안 붙여도 됨.

たの
楽しい = 즐겁다

たの
→ **楽しい** = 즐겁대[즐거워]

さいきん
最近 = 요새, 최근

まいにち
毎日 = 매일

さいきん **最近**は	まいにち **毎日**が	たの **楽しい**。
요새는	매일이	즐거워.

▼

さいきん　　まいにち　たの
最近は**毎日**が**楽しい**。

요새는 매일이 즐거워.

문장 3번 따라 쓰기

응용 문장 2번씩 쓰기

① 하루 종일 집 안이 밝다.

힌트 一日中 = 하루 종일 / 家の中 = 집(의) 안 / 明るい = 밝다

② 그는 다리가 길어.

힌트 彼 = 그 / 脚 = 다리 / 長い = 길다

듣고 따라 말하기

MP3_022

응용 문장 모범 답안

① 一日中家の中が明るい。

② 彼は脚が長い。

^{いえ} ^{かいしゃ}
家から会社まで
^{ちか}
近いですか。

집에서 회사까지 가까워요?

문장 파헤치기

い형용사 + ですか = _____입니까[이에요]?

→ い형용사 뒤에 **ですか**를 붙이면 '높임체 현재 긍정 의문형'이 됨.

^{ちか}
近い = 가깝다

^{ちか}
→ **近い**ですか = 가까워요?

~から/~まで = ~부터[에서]/~까지 (시간, 장소 뒤에 붙이는 조사)

^{いえ} ^{かいしゃ}
家 = 집 / **会社** = 회사

^{いえ} ^{かいしゃ} **家から会社まで** 집에서 회사까지	^{ちか} **近い**ですか。 가까워요?

▼

^{いえ} ^{かいしゃ} ^{ちか}
家から会社まで 近いですか。

집에서 회사까지 <u>가까워</u>요?

문장 3번 따라 쓰기

응용 문장 2번씩 쓰기

① 당신은 통증에 약한가요?

힌트 あなた = 당신 / 痛み(いた) = 통증 / ~に弱い(よわ) = ~에 약하다

② 가격은 비쌉니까?

힌트 値段(ねだん) = 가격 / 高い(たか) = 높다, 비싸다

듣고 따라 말하기

MP3_023

응용 문장 모범 답안

① あなたは痛み(いた)に弱い(よわ)ですか。

② 値段(ねだん)は高い(たか)ですか。

DAY 024

あした
明日も
あさはや
朝早いの?

내일도 아침 일찍 일어나야 해?

い형용사 + の? = ___야?

→ い형용사 뒤에 の를 붙여 올려 읽으면 '반말체 현재 긍정 의문형'이 됨.

あさ　はや
(朝が)早い = (아침이) 이르다 (*아침 일찍 일어나는 습관이 있거나

아침 일찍 일어나야 할 이유가 있을 때 쓰는 표현)

あさ　はや
→ 朝(が)早いの? = 아침 일찍 일어나야 하는 거야? (*が 생략 가능)

あした
明日 = 내일

あした 明日も	あさはや 朝早いの?
내일도	아침 일찍 일어나야 하는 거야?

▼

あした　あさはや
明日も朝早いの?

내일도 아침 일찍 일어나야 하는 거야[일어나야 해]?

문장 3번 따라 쓰기

응용 문장 2번씩 쓰기

① 왜 그렇게 하얀 거야?

힌트 どうして = 왜 / そんなに = 그렇게 / 白い = 희다

② 역까지 가까워?

힌트 駅 = 역 / ～まで = ~까지 / 近い = 가깝다

듣고 따라 말하기

MP3_024

응용 문장 모범 답안

① どうしてそんなに白いの？

② 駅まで近いの？

DAY 025

<ruby>高校<rt>こうこう</rt></ruby>の<ruby>先生<rt>せんせい</rt></ruby>は
<ruby>優<rt>やさ</rt></ruby>しかったです。

고등학교 선생님은 상냥했어요.

문장 파헤치기

い형용사의 어간 + **かったです** = ___였습니다[었어요]

→ **い**형용사의 어미(**い**)를 생략한 후 어간 뒤에 **かったです**를 붙이면
'높임체 과거 긍정형'이 됨.

<ruby>優<rt>やさ</rt></ruby>しい = 상냥하다 → <ruby>優<rt>やさ</rt></ruby>しかったです = 상냥했습니다[했어요]

<ruby>高校<rt>こうこう</rt></ruby>(<ruby>高等学校<rt>こうとうがっこう</rt></ruby>) = 고등학교 / <ruby>先生<rt>せんせい</rt></ruby> = 선생님

→ <ruby>高校<rt>こうこう</rt></ruby>の<ruby>先生<rt>せんせい</rt></ruby> = 고등학교(의) 선생님

<ruby>高校<rt>こうこう</rt></ruby>の<ruby>先生<rt>せんせい</rt></ruby>は	<ruby>優<rt>やさ</rt></ruby>しかったです。
고등학교 선생님은	상냥했어요.

▼

<ruby>高校<rt>こうこう</rt></ruby>の<ruby>先生<rt>せんせい</rt></ruby>は<ruby>優<rt>やさ</rt></ruby>しかったです。

고등학교 선생님은 상냥했어요.

문장 3번 따라 쓰기

응용 문장 2번씩 쓰기

① 그녀는 미소가 예뻤어요.

힌트 　彼女 = 그녀 / 笑顔 = 미소 / かわいい = 예쁘다
　　　かのじょ　　　　えがお

② 어제도 따뜻했어요.

힌트 　昨日 = 어제 / 暖かい = 따뜻하다
　　　きのう　　　　あたた

듣고 따라 말하기

MP3_025

응용 문장 모범 답안

① 彼女は笑顔がかわいかったです。
　　かのじょ　えがお

② 昨日も暖かかったです。
　　きのう　あたた

77

に ほんじん　　　ともだち
日本人の友達が

ほしかった。

일본인 친구를 갖고 싶었어.

문장 파헤치기

い형용사의 어간 + かった = ___였다[였어]

→ い형용사의 어간 뒤에 **かった**를 붙이면 '반말체 과거 긍정형'이 됨.

(~が)**ほしい** = (~을[를]) 원하다[갖고 싶다]

→ (~が)**ほし**かった = (~을[를]) 원했어[갖고 싶었어]

に ほんじん　 ともだち
日本人の友達 = 일본인(인) 친구

(*の는 '~의'라는 뜻 외의 동격임을 나타내는 '~인'이라는 뜻으로도 사용됨.)

に ほんじん　 ともだち **日本人の友達**が	**ほし**かった。
일본인 친구를	갖고 싶었어.

▼

に ほんじん　 ともだち
日本人の友達が**ほし**かった。

일본인 친구를 갖고 싶었어.

문장 3번 따라 쓰기

응용 문장 2번씩 쓰기

① 스마트폰이 갖고 싶었어.

힌트 スマホ(スマートフォン) = 스마트폰

② 혼자 있을 시간을 갖고 싶었어. (= 혼자 있을 시간이 필요했어.)

힌트 一人の時間 = 혼자의 시간 → 혼자 있을 시간
　　　 ひとり　　 じかん

듣고 따라 말하기

응용 문장 모범 답안

① スマホがほしかった。

② 一人の時間がほしかった。
　　 ひとり　　 じかん

ほっかいどう　おきなわ
北海道と沖縄と

どちらがよかったですか。

홋카이도랑 오키나와랑 어느 쪽이 좋았어요?

문장 파헤치기

い형용사의 어간 + **かったですか** = ___였습니까[였어요]?

→ **い형용사의 어간** 뒤에 **かったですか**를 붙이면 '높임체 과거 긍정 의문형'이 됨.

いい(よい) = 좋다 (*활용형으로 쓸 땐 **よい**의 형태를 따름.)

→ **よかったですか** = 좋았어요?

~と = ~와[~랑] / **どちら** = 어느 쪽 (두 가지 대상을 비교할 때 쓰는 표현)

ほっかいどう　おきなわ **北海道と沖縄と** 홋카이도랑 오키나와랑	**どちらが** 어느 쪽이	**よかったですか。** 좋았어요?

ほっかいどう　おきなわ
北海道と沖縄とどちらがよかったですか。
홋카이도랑 오키나와랑 어느 쪽이 좋았어요?

문장 3번 따라 쓰기

응용 문장 2번씩 쓰기

① 양식이랑 일식이랑 어느 쪽이 맛있었어요?

힌트 洋食^{ようしょく} = 양식 / 和食^{わしょく} = 일식 / おいしい = 맛있다

② 이거랑 그거랑 어느 쪽이 가벼웠어요?

힌트 これ = 이게[이것] / それ = 그거[그것] / 軽^{かる}い = 가볍다

듣고 따라 말하기

MP3_027

응용 문장 모범 답안

① 洋食^{ようしょく}と和食^{わしょく}とどちらがおいしかったですか。

② これとそれとどちらが軽^{かる}かったですか。

DAY 028

子供の時から
背が高かったの?

어렸을 때부터 키가 컸어?

い형용사의 어간 + かったの? = ___였어?

→ い형용사의 어간 뒤에 **かったの**를 붙여 올려 읽으면 '반말체 과거 긍정 의문형'이 됨.

(背が)高い = (키가) 크다

→ **背が高かったの?** = 키가 컸어?

子供の時 = 어렸을 때 → **子供の時から** = 어렸을 때부터

子供の時から	背が高かったの?
어렸을 때부터	키가 컸어?

▼

子供の時から背が高かったの?
어렸을 때부터 키가 컸어?

문장 3번 따라 쓰기

응용 문장 2번씩 쓰기

① 바 자리도 좁지 않았어?

힌트 カウンター席せき = 바 자리 / 狭せまい = 좁다

② 원래 머리가 짧았어?

힌트 元々もともと = 원래 / 髪かみ = 머리(카락) / 短みじかい = 짧다

듣고 따라 말하기

응용 문장 모범 답안

① カウンター席せきも狭せまくなかったの？

② 元々もともと髪かみが短みじかかったの？

83

ポケベル、
なつ
懐かしいね。

삐삐, 그립네.

い형용사 + ね = ___네[구나]

→ い형용사 뒤에 종조사 ね를 붙이면 '공감과 확인'을 드러내는 표현이 됨.

なつ
懐かしい = 그립다, 생각나다

なつ
→ 懐かしいね = 그립네[그립구나]

(*사람/물건 등과 함께한 과거가 생각나 반갑거나 즐거운 마음이 들 때 사용.)

ポケベル(ポケットベル) = 삐삐

ポケベル、	なつ 懐かしいね。
삐삐,	그립네.

▼

なつ
ポケベル、懐かしいね。

삐삐, 그립네.

문장 3번 따라 쓰기

응용 문장 2번씩 쓰기

① 벌써 어둡네.

힌트 もう = 벌써 / 暗い = 어둡다

② 맛이 조금 싱겁네.

힌트 味が薄い = 간이[맛이] 싱겁다[밍밍하다] / 少し = 조금

듣고 따라 말하기

응용 문장 모범 답안

① もう暗いね。

② 味が少し薄いね。

こっちの方が甘いよ。

이쪽이 더 달아.

문장 파헤치기

い형용사 + よ = ___아[란다]

→ い형용사 뒤에 종조사 よ를 붙이면 '정보를 전달하는 뉘앙스'의 표현이 됨.

甘い = 달다

→ 甘いよ = 달아[달단다]

~の方が = ~쪽이 더 → 둘 이상의 대상 중 한쪽을 선택하는 표현.

こっち = 여기 → こっちの方が = 여기 쪽이 더 (= 이쪽이 더)

こっちの方が	甘いよ。
이쪽이 더	달아.

▼

こっちの方が甘いよ。

이쪽이 더 달아.

문장 3번 따라 쓰기

응용 문장 2번씩 쓰기

① 밖이[바깥 쪽이] 더 시원해.

힌트 外 = 바깥 / 涼しい = 시원하다
　　 そと　　　　　 すず

② 테이블이 더러워.

힌트 テーブル = 테이블 / 汚い = 더럽다
　　　　　　　　　　　 きたな

듣고 따라 말하기

MP3_030

응용 문장 모범 답안

① 外の方が涼しいよ。
　 そと　ほう　すず

② テーブルが汚いよ。
　　　　　　　 きたな

87

매일 1장
일본어 쓰기습관
100일의 기적

私は日本語の勉強をする

CHAPTER 04

[い形容詞]이지 않다

準備ができました

DAY 031

<ruby>夏休<rt>なつやす</rt></ruby>みは

あまり<ruby>長<rt>なが</rt></ruby>くありません。

여름 휴가는 별로 길지 않습니다.

문장 파헤치기

い형용사의 어간 + くありません = ___지 않습니다[않아요]

→ い형용사의 어간 뒤에 くありません를 붙이면 '높임체 현재 부정형'이 됨.

<ruby>長<rt>なが</rt></ruby>い = 길다

→ <ruby>長<rt>なが</rt></ruby>くありません = 길지 않습니다

<ruby>夏休<rt>なつやす</rt></ruby>み = 여름 방학, 여름 휴가 / あまり = 별로

<ruby>夏休<rt>なつやす</rt></ruby>みは	あまり<ruby>長<rt>なが</rt></ruby>くありません。
여름 휴가는	별로 길지 않습니다.

▼

<ruby>夏休<rt>なつやす</rt></ruby>みは あまり<ruby>長<rt>なが</rt></ruby>くありません。

여름 휴가는 별로 길지 않습니다.

문장 3번 따라 쓰기

응용 문장 2번씩 쓰기

① 저에게는 별로 작지 않습니다.

힌트 ~には = ~에게는 / 小_{ちい}さい = 작다

② 외국인 친구는 많지 않습니다.

힌트 外国人_{がいこくじん}の友達_{ともだち} = 외국인(인) 친구 / 多_{おお}い = 많다

듣고 따라 말하기

응용 문장 모범 답안

① 私_{わたし}にはあまり小_{ちい}さくありません。

② 外国人_{がいこくじん}の友達_{ともだち}は多_{おお}くありません。

プサンは奈良より
暑くないです。

부산은 나라보다 덥지 않아요.

문장 파헤치기

い형용사의 어간 + くないです = ___지 않아요[않습니다]

→ い형용사의 어간 뒤에 くないです를 붙여도 '높임체 현재 부정형'이 됨.

　(*~くありません보다 좀 더 부드럽고 일상적인 어투)

暑い = 덥다 → **暑くないです** = 덥지 않아요

~より = ~보다 (비교할 때 쓰는 조사)

プサン(釜山) = 부산 (지명) / **奈良** = 나라 (지명)

プサンは	奈良より	暑くないです。
부산은	나라보다	덥지 않아요.

▼

プサンは奈良より暑くないです。

부산은 나라보다 덥지 않아요.

문장 3번 따라 쓰기

응용 문장 2번씩 쓰기

① 김치보다 맵지 않아요.

힌트   キムチ = 김치 / 辛い = 맵다
<small>から</small>

② 디자인도 나쁘지 않아요.

힌트   デザイン = 디자인 / 悪い = 나쁘다
<small>わる</small>

듣고 따라 말하기

MP3_032

응용 문장 모범 답안

① キムチより辛くないです。
<small>から</small>

② デザインも悪くないです。
<small>わる</small>

今日の私は
全然かわいくない。

きょう　わたし

ぜんぜん

오늘의 나는 전혀 귀엽지 않아.

문장 파헤치기

い형용사의 어간 + **くない** = ___지 않다[않아]

→ **い**형용사의 어간 뒤에 **くない**를 붙이면 '반말체 현재 부정형'이 됨.

かわいい = 귀엽다, 예쁘다

→ **かわい**く**ない** = 귀엽[예쁘]지 않아

今日の私 = 오늘의 나
きょう　わたし

全然 = 전혀
ぜんぜん

今日の私は きょう　わたし	全然かわいくない。 ぜんぜん
오늘의 나는	전혀 귀엽지 않아.

▼

今日の私は 全然かわいくない。
きょう　わたし　　ぜんぜん

오늘의 나는 전혀 귀엽지 않아.

문장 3번 따라 쓰기

응용 문장 2번씩 쓰기

① 이제 아무것도 갖고 싶지 않아.

힌트 もう = 이제 / 何^{なに}も = 아무것도 / ほしい = 갖고 싶다

② 혼자라도 외롭지 않아.

힌트 一人^{ひとり} = 한 명, 혼자 / ~でも = ~(이)라도 / 寂^{さみ}しい = 외롭다

듣고 따라 말하기

응용 문장 모범 답안

① もう何^{なに}もほしくない。

② 一人^{ひとり}でも寂^{さみ}しくない。

おんがく おと
音楽の音が
おお
大きくないですか。

음악 소리가 크지 않나요?

문장 파헤치기

い형용사의 어간 + くないですか = ___지 않아요[않습니까]?

→ い형용사의 어간 뒤에 **くないですか**를 붙이면
'높임체 현재 부정 의문형'이 됨.

おお
大きい = 크다

おお
→ **大きくないですか** = 크지 않나요?

おんがく おと
音楽の音 = 음악(의) 소리

おんがく おと **音楽の音**が	おお **大き**くないですか。
음악 소리가	크지 않나요?

▼

おんがく おと おお
音楽の音が **大き**くないですか。
음악 소리가 크지 않나요?

문장 3번 따라 쓰기

응용 문장 2번씩 쓰기

① 답장은 빠른 편이 기쁘지 않아요?

힌트 返事 = 답장 / 早い方 = 빠른 편 / 嬉しい = 기쁘다

② 버스, 늦지 않아요?

힌트 バス = 버스 / 遅い = 늦다

듣고 따라 말하기

응용 문장 모범 답안

① 返事は早い方が嬉しくないですか。

② バス、遅くないですか。

なんか体^{からだ}
熱^{あつ}くない?

뭔가 몸 뜨겁지 않아?

문장 파헤치기

い형용사의 어간 + **くない?** = _____지 않아?

→ **い**형용사의 어간 뒤에 **くない**를 붙여 올려 읽으면
  '반말체 현재 부정 의문형'이 됨.

熱^{あつ}い = 뜨겁다

→ **熱^{あつ}くない?** = 뜨겁지 않아?

なんか = 뭔가 (***なにか**의 구어체) / **体^{からだ}** = 몸

なんか	体^{からだ}	熱^{あつ}くない?
뭔가	몸	뜨겁지 않아?

▼

なんか体熱^{からだあつ}くない?
뭔가 몸 뜨겁지 않아?

문장 3번 따라 쓰기

응용 문장 2번씩 쓰기

① 이 스프 (좀) 짜지 않아?

힌트 この = 이 / スープ = 스프 / しょっぱい = 짜다

② 여자친구(를) 갖고 싶지 않아?

힌트 彼女(かのじょ) = 여자친구 / ほしい = 갖고 싶다

듣고 따라 말하기

응용 문장 모범 답안

① このスープしょっぱくない？

② 彼女(かのじょ)ほしくない？

ジェットコースターはそれほど

こわ
怖くありませんでした。

롤러코스터는 그렇게 무섭지 않았습니다.

문장 파헤치기

い형용사의 어간 + くありませんでした = _____지 않았습니다[않았어요]

→ い형용사의 어간 뒤에 くありませんでした를 붙이면

'높임체 과거 부정형'이 됨.

こわ
怖い = 무섭다

こわ
→ 怖くありませんでした = 무섭지 않았습니다

ジェットコースター = 롤러코스터 / それほど = 그렇게

ジェットコースターは	それほど怖くありませんでした。
롤러코스터는	그렇게 무섭지 않았습니다.

▼

ジェットコースターはそれほど怖くありませんでした。
롤러코스터는 그렇게 무섭지 않았습니다.

문장 3번 따라 쓰기

응용 문장 2번씩 쓰기

① 고기는 그렇게 부드럽지 않았습니다.

힌트 肉^{にく} = 고기 / やわらかい = 부드럽다

② 머리는 별로 아프지 않았습니다.

힌트 頭^{あたま} = 머리 / あまり = 별로 / 痛^{いた}い = 아프다

듣고 따라 말하기

응용 문장 모범 답안

① 肉^{にく}はそれほどやわらかくありませんでした。

② 頭^{あたま}はあまり痛^{いた}くありませんでした。

101

私は少しも
悲しくなかったです。

저는 조금도 슬프지 않았어요.

문장 파헤치기

い형용사의 어간 + くなかったです = ___지 않았어요[않았습니다]

→ い형용사의 어간 뒤에 くなかったです를 붙이면 '높임체 과거 부정형'이 됨.

(*~くありませんでした보다 좀 더 부드럽고 일상적인 어투)

悲しい = 슬프다

→ 悲しくなかったです = 슬프지 않았어요

少しも = 조금도

私は	少しも悲しくなかったです。
저는	조금도 슬프지 않았어요.

▼

私は少しも悲しくなかったです。

저는 조금도 슬프지 않았어요.

문장 3번 따라 쓰기

응용 문장 2번씩 쓰기

① 어제는 날씨가 좋지 않았어요.

힌트 　昨日 = 어제 / 天気 = 날씨 / いい(よい) = 좋다

② 초등학교 운동장은 크지 않았어요.

힌트 　小学校の校庭 = 초등학교(의) 운동장 / 大きい = 크다

듣고 따라 말하기

MP3_037

응용 문장 모범 답안

① 昨日は天気がよくなかったです。

② 小学校の校庭は大きくなかったです。

せんげつ こんげつ
先月は今月ほど

いそが
忙しくなかった。

지난달은 이번 달만큼 바쁘지 않았어.

문장 파헤치기

い형용사의 어간 + くなかった = ___지 않았다[않았어]

→ い형용사의 어간 뒤에 くなかった를 붙이면 '반말체 과거 부정형'이 됨.

いそが
忙しい = 바쁘다

いそが
→ 忙しくなかった = 바쁘지 않았어

~ほど = ~만큼[정도] (단계나 정도를 나타내는 부조사)

せんげつ   こんげつ
先月 = 지난달 / 今月 = 이번 달

せんげつ 先月は	こんげつ 今月ほど	いそが 忙しくなかった。
지난달은	이번 달만큼	바쁘지 않았어.

▼

せんげつ こんげつ いそが
先月は今月ほど忙しくなかった。
지난달은 이번 달만큼 바쁘지 않았어.

문장 3번 따라 쓰기

응용 문장 2번씩 쓰기

① 옛날부터 허리가 가늘지 않았어.

힌트 　昔 = 옛날 / ~から = ~부터 / ウエスト = 허리 / 細い = 가늘다, 얇다

② 비는 오전만큼 심하지 않았어.

힌트 　雨 = 비 / 午前 = 오전 / ひどい = 심하다

듣고 따라 말하기

MP3_038

응용 문장 모범 답안

① 昔からウエストが細くなかった。

② 雨は午前ほどひどくなかった。

DAY 039

ここまで
<ruby>遠<rt>とお</rt></ruby>くありませんでしたか。

여기까지 멀지 않았습니까?

い형용사의 어간 + **くありませんでしたか** = ____지 않았습니까[않았어요]?

→ **い**형용사의 어간 뒤에 **くありませんでしたか**를 붙이면
'높임체 과거 부정 의문형'이 됨.

<ruby>遠<rt>とお</rt></ruby>**い** = 멀다

→ <ruby>遠<rt>とお</rt></ruby>**くありませんでしたか** = 멀지 않았습니까?

ここ = 여기 / **~まで** = ~까지

ここまで	<ruby>遠<rt>とお</rt></ruby>**くありませんでしたか。**
여기까지	멀지 않았습니까?

▼

ここまで<ruby>遠<rt>とお</rt></ruby>くありませんでしたか。
여기까지 멀지 않았습니까?

문장 3번 따라 쓰기

응용 문장 2번씩 쓰기

① 짐이 무겁지 않았습니까?

힌트 荷物（にもつ） = 짐 / 重（おも）い = 무겁다

② 주말에는 사람이 적지 않았습니까?

힌트 週末（しゅうまつ） = 주말 / ~には = ~에는 / 人（ひと） = 사람 / 少（すく）ない = 적다

듣고 따라 말하기

MP3_039

응용 문장 모범 답안

① 荷物（にもつ）は重（おも）くありませんでしたか。

② 週末（しゅうまつ）には人（ひと）が少（すく）なくありませんでしたか。

107

スーパーの方<ruby>ほう</ruby>が
安<ruby>やす</ruby>くなかった?

슈퍼가 더 싸지 않았어?

문장 파헤치기

い형용사의 어간 + **くなかった?** = _____지 않았어?

→ **い**형용사의 어간 뒤에 **くなかった**를 붙여 올려 읽으면
  '반말체 과거 부정 의문형'이 됨.

安<ruby>やす</ruby>い = 싸다 → **安<ruby>やす</ruby>くなかった?** = 싸지 않았어?

スーパー = 슈퍼 / **~の方<ruby>ほう</ruby>が** = ~쪽이 더

→ **スーパーの方<ruby>ほう</ruby>が** = 슈퍼 쪽이 더 (= 슈퍼가 더)

スーパーの方<ruby>ほう</ruby>が	安<ruby>やす</ruby>くなかった?
슈퍼가 더	싸지 않았어?

▼

スーパーの方<ruby>ほう</ruby>が安<ruby>やす</ruby>くなかった?

슈퍼가 더 싸지 않았어?

문장 3번 따라 쓰기

응용 문장 2번씩 쓰기

① 그의 홈런, 굉장하지 않았어?

힌트 彼(かれ) = 그 / ホームラン = 홈런 / すごい = 굉장하다, 대단하다

② 택시가 더 빠르지 않았어?

힌트 タクシー = 택시 / 早(はや)い = 빠르다

듣고 따라 말하기

MP3_040

응용 문장 모범 답안

① 彼(かれ)のホームラン、すごくなかった？

② タクシーの方(ほう)が早(はや)くなかった？

109

매일 1장
일본어 쓰기 습관
100일의 기적

私は日本語の勉強をする

CHAPTER 05

[な형용사]이다

準備ができました

<ruby>日<rt>に</rt>本<rt>ほん</rt></ruby>は

<ruby>温泉<rt>おんせん</rt></ruby>が<ruby>有名<rt>ゆうめい</rt></ruby>です。

일본은 온천이 유명해요.

문장 파헤치기

な형용사 = **な**형용사의 기본형은 '어간 + 어미(*だ*)'

<ruby>有名<rt>ゆうめい</rt></ruby>(어간) + *だ*(어미) → <ruby>有名<rt>ゆうめい</rt></ruby>だ = 유명하다

な형용사의 어간 + です = ___입니다[이에요]

→ **な**형용사의 기본형에서 어미(*だ*)를 생략한 후
어간 뒤에 **です**를 붙이면 '높임체 현재 긍정형'이 됨.

<ruby>有名<rt>ゆうめい</rt></ruby>だ = 유명하다 → <ruby>有名<rt>ゆうめい</rt></ruby>です = 유명해요

<ruby>日<rt>に</rt>本<rt>ほん</rt></ruby>は	<ruby>温泉<rt>おんせん</rt></ruby>が	<ruby>有名<rt>ゆうめい</rt></ruby>です。
일본은	온천이	유명해요.

▼

<ruby>日<rt>に</rt>本<rt>ほん</rt></ruby>は<ruby>温泉<rt>おんせん</rt></ruby>が<ruby>有名<rt>ゆうめい</rt></ruby>です。

일본은 온천이 유명해요.

문장 3번 따라 쓰기

응용 문장 2번씩 쓰기

① 어머니는 요리를 잘해요.

힌트 母 = 어머니 / 料理 = 요리 / ~が上手だ = ~을[를] 잘하다

② 이웃집 아저씨는 친절해요.

힌트 隣のおじさん = 이웃집(의) 아저씨 / 親切だ = 친절하다

듣고 따라 말하기

MP3_041

응용 문장 모범 답안

① 母は料理が上手です。

② 隣のおじさんは親切です。

お風呂 掃除が すごく大変。

목욕탕 청소가 엄청 힘들어.

な형용사의 어간(+だ) = _____이다[야]

→ **な**형용사의 '반말체 현재 긍정형'은 어미(**だ**)를 생략한 후 어간에 아무것도
안 붙이고 말해도 되지만 어미를 생략하지 않고 그대로 말하기도 함.

大変だ = 힘들다 / **すごく** = 굉장히, 몹시, 엄청

→ **すごく大変(だ)** = 엄청 힘들어

お風呂 = 목욕탕 / **掃除** = 청소 → **お風呂掃除** = 목욕탕 청소

お風呂掃除が	**すごく大変。**
목욕탕 청소가	엄청 힘들어.

▼

お風呂 掃除がすごく大変。

목욕탕 청소가 엄청 힘들어.

문장 3번 따라 쓰기

응용 문장 2번씩 쓰기

① 이 안경 엄청 편해.

힌트 この = 이 / 眼鏡^{めがね} = 안경 / 楽^{らく}だ = 편하다

② 나도 오늘은 한가해.

힌트 今日^{きょう} = 오늘 / 暇^{ひま}だ = 한가하다

듣고 따라 말하기

응용 문장 모범 답안

① この眼鏡^{めがね}すごく楽^{らく}。

② 私^{わたし}も今日^{きょう}は暇^{ひま}。

___월 ___일

家族は
元気ですか。

가족들은 잘 지내요?

な형용사의 어간 + ですか = ___입니까[이에요]?

→ な형용사의 어간 뒤에 ですか를 붙이면 '높임체 현재 긍정 의문형'이 됨.

元気だ = 건강하다, 잘 지내다

→ 元気ですか = 건강하십니까?[잘 지내요?]

家族 = 가족

家族は	元気ですか。
가족들은	잘 지내요?

▼

家族は元気ですか。
가족들은 잘 지내요?

문장 3번 따라 쓰기

응용 문장 2번씩 쓰기

① 뭐가 가장 소중해요?

힌트 　何^{なに} = 무엇, 뭐 / 一番^{いちばん} = 제일, 가장 / 大切^{たいせつ}だ = 중요하다, 소중하다

② 어떤 서류가 필요해요?

힌트 　どんな = 어떤 / 書類^{しょるい} = 서류 / 必要^{ひつよう}だ = 필요하다

듣고 따라 말하기

MP3_043

응용 문장 모범 답안

① 何^{なに}が一番^{いちばん}大切^{たいせつ}ですか。

② どんな書類^{しょるい}が必要^{ひつよう}ですか。

どんな<ruby>人<rt>ひと</rt></ruby>が
<ruby>好<rt>す</rt></ruby>き?

어떤 사람을 좋아해?

문장 파헤치기

な형용사의 어간(+なの)? = _____야?

→ **な**형용사의 '반말체 현재 긍정 의문형'은 어미를 생략한 후 어간에 아무것도 안 붙이고
  올려 읽으면 되는데, 어간 뒤에 **なの**를 덧붙여 말해도 됨.

(~が)<ruby>好<rt>す</rt></ruby>きだ = (~을[를]) 좋아하다

→ (~が)<ruby>好<rt>す</rt></ruby>き(なの)? = (~을[를]) 좋아해?

どんな = 어떤 / <ruby>人<rt>ひと</rt></ruby> = 사람 → **どんな<ruby>人<rt>ひと</rt></ruby>** = 어떤 사람

どんな<ruby>人<rt>ひと</rt></ruby>が	<ruby>好<rt>す</rt></ruby>き<ruby><rt>なの</rt></ruby>?
어떤 사람을	좋아해?

▼

どんな<ruby>人<rt>ひと</rt></ruby>が<ruby>好<rt>す</rt></ruby>き (なの) ?

어떤 사람을 좋아해?

문장 3번 따라 쓰기

응용 문장 2번씩 쓰기

① 오늘 메이크업은 완벽해?

힌트 今日のメイク = 오늘(의) 메이크업 / 完璧だ = 완벽하다

② 정말 복장은 자유로워?

힌트 本当に = 정말로 / 服装 = 복장 / 自由だ = 자유롭다

듣고 따라 말하기

MP3_044

응용 문장 모범 답안

① 今日のメイクは完璧 (なの) ?

② 本当に服装は自由 (なの) ?

119

新幹線の中は
しんかんせん　なか

静かでした。
しず

신칸센 안은 조용했어요.

문장 파헤치기

な형용사의 어간 + でした = ___였습니다[였어요]

→ な형용사의 어간 뒤에 でした를 붙이면 '높임체 과거 긍정형'이 됨.

静かだ = 조용하다
しず

→ 静かでした = 조용했습니다[했어요]
しず

新幹線 = 신칸센 / 中 = 안
しんかんせん　　　なか

→ 新幹線の中 = 신칸센(의) 안
しんかんせん　なか

新幹線の中は	静かでした。
신칸센 안은	조용했어요.

▼

新幹線の中は静かでした。
しんかんせん　なか　しず

신칸센 안은 조용했어요.

문장 3번 따라 쓰기

응용 문장 2번씩 쓰기

① 공부가 제일 쉬웠어요.

힌트 **勉強** = 공부 / **一番** = 제일, 가장 / **簡単だ** = 간단하다, 쉽다

② 어렸을 때는 토마토를 싫어했어요.

힌트 **子供の時** = 어렸을 때 / **トマト** = 토마토 / **嫌いだ** = 싫어하다

듣고 따라 말하기

응용 문장 모범 답안

① 勉強が一番簡単でした。

② 子供の時はトマトが嫌いでした。

DAY 046

昔から英語が
得意だった。

옛날부터 영어를 잘했다.

문장 파헤치기

な형용사의 어간 + **だった** = ____였대[였어]

→ **な**형용사의 어간 뒤에 **だった**를 붙이면 '반말체 과거 긍정형'이 됨.

(~が)**得意だ** = (~을[를]) 잘하다

→ (~が)**得意**だった = (~을[를]) 잘했다

昔 = 옛날 / **~から** = ~부터

英語 = 영어

昔から	英語が	得意だった。
옛날부터	영어를	잘했다.

▼

昔から**英語**が**得意**だった。
옛날부터 영어를 잘했다.

문장 3번 따라 쓰기

응용 문장 2번씩 쓰기

① 학창 시절에는 운동을 잘 못했다.

힌트 <ruby>学生時代<rt>がくせいじだい</rt></ruby> = 학창 시절 / <ruby>運動<rt>うんどう</rt></ruby> = 운동 / <ruby>苦手<rt>にがて</rt></ruby>だ = 잘 못하다

② 내 남동생은 항상 성실했다.

힌트 <ruby>弟<rt>おとうと</rt></ruby> = 남동생 / いつも = 항상 / <ruby>真面目<rt>まじめ</rt></ruby>だ = 성실하다

듣고 따라 말하기

응용 문장 모범 답안
① <ruby>学生時代<rt>がくせいじだい</rt></ruby>は<ruby>運動<rt>うんどう</rt></ruby>が<ruby>苦手<rt>にがて</rt></ruby>だった。
② <ruby>私<rt>わたし</rt></ruby>の<ruby>弟<rt>おとうと</rt></ruby>はいつも<ruby>真面目<rt>まじめ</rt></ruby>だった。

イタリアの交通は
便利でしたか。

이탈리아 교통은 편리했어요?

문장 파헤치기

な형용사의 어간 + でしたか = ___였습니까[였어요]?

→ な형용사의 어간 뒤에 **でしたか**를 붙이면 '높임체 과거 긍정 의문형'이 됨.

便利だ = 편리하다

→ **便利**でしたか = 편리했어요?

イタリア = 이탈리아 / **交通** = 교통

→ **イタリアの交通** = 이탈리아(의) 교통

イタリアの交通は	便利でしたか。
이탈리아 교통은	편리했어요?

▼

イタリアの交通は便利でしたか。

이탈리아 교통은 편리했어요?

문장 3번 따라 쓰기

응용 문장 2번씩 쓰기

① 이번 여행에서는 뭐가 가장 특별했어요?

힌트 今回の旅行 = 이번(의) 여행 / ~では = ~에서는 / 特別だ = 특별하다

② 돈은 충분했어요?

힌트 (お)金 = 돈, 금전 / 十分だ = 충분하다

듣고 따라 말하기

응용 문장 모범 답안

① 今回の旅行では何が一番特別でしたか。

② お金は十分でしたか。

125

_____ 월 _____ 일

昨日^{きのう}の月^{つき}も
きれいだった？

어제 달도 예뻤어?

문장 파헤치기

な형용사의 어간 + だった？ = ___였어?

→ '반말체 과거 긍정 의문형'은 '반말체 과거 긍정형'을 올려 읽기만 하면 됨.

きれいだ = 예쁘다

→ **きれいだった？** = 예뻤어?

昨日^{きのう} = 어제 / **月^{つき}** = 달

→ **昨日^{きのう}の月^{つき}** = 어제(의) 달

昨日^{きのう}の月^{つき}も	きれいだった？
어제 달도	예뻤어?

▼

昨日^{きのう}の月^{つき}もきれいだった？

어제 달도 예뻤어?

문장 3번 따라 쓰기

응용 문장 2번씩 쓰기

① 그의 어떤 점이 근사했어?

힌트 彼 = 그 / どんなところ = 어떤 점 / 素敵だ = 멋지다, 근사하다

② 그 이상은 무리였어?

힌트 それ以上 = 그 이상 / 無理だ = 무리다

듣고 따라 말하기

응용 문장 모범 답안

① 彼のどんなところが素敵だった？

② それ以上は無理だった？

127

そのくつ、
派手だね。
は で

그 신발, 화려하네.

문장 파헤치기

な형용사 + ね = ___네[구나]

→ **な**형용사 뒤에 종조사 **ね**를 붙이면 '공감과 확인'을 드러내는 표현이 됨.

派手だ = 화려하다
は で

→ 派手だね = 화려하네[화려하구나]
は で

くつ = 신발 → **そのくつ** = 그 신발

そのくつ,	派手だね。
그 신발,	화려하네.

▼

そのくつ、派手だね。
그 신발, 화려하네.

문장 3번 따라 쓰기

응용 문장 2번씩 쓰기

① 저 가게, 시끌벅적하네.

힌트 あのお店(みせ) = 저 가게 / 賑(にぎ)やかだ = 번화하다, 활기차다, 시끌벅적하다

② 그건[그것은] 불편하겠다.

힌트 それ = 그것 / 不便(ふ べん)だ = 불편하다

듣고 따라 말하기

MP3_049

응용 문장 모범 답안

① あのお店(みせ)、賑(にぎ)やかだね。
② それは不便(ふ べん)だね。

129

DAY 050

かたおも
片想いでも

しあわ
幸せだよ。

짝사랑이라도 행복해.

문장 파헤치기

な형용사 + よ = ___야[란다]

→ な형용사 뒤에 종조사 **よ**를 붙이면 '정보를 전달하는 뉘앙스'의 표현이 됨.

幸せだ = 행복하다

→ **幸せだよ** = 행복해[행복하단다]

~でも = ~(이)라도 ('명사' 혹은 'な형용사의 어간'에 붙어서 쓰임.)

片思い = 짝사랑 → **片思いでも** = 짝사랑이라도

かたおも 片思いでも	しあわ 幸せだよ。
짝사랑이라도	행복해.

▼

片想いでも 幸せだよ。

짝사랑이라도 행복해.

문장 3번 따라 쓰기

응용 문장 2번씩 쓰기

① 비가 와도 괜찮아.

힌트 雨^{あめ}でも = 비라도 → 비가 와도 / 大丈夫^{だいじょうぶ}だ = 괜찮다

② 다음 주는 안 돼.

힌트 来週^{らいしゅう} = 다음 주 / だめだ = 안 된다

듣고 따라 말하기

응용 문장 모범 답안

① 雨^{あめ}でも大丈夫^{だいじょうぶ}だよ。

② 来週^{らいしゅう}はだめだよ。

매일 1장

일본어 쓰기습관
100일의 기적

私は日本語の勉強をする

CHAPTER 06

[な형용사]이지 않다

準備ができました

この車^{くるま}はあまり

丈夫^{じょう ぶ}じゃありません。

이 차는 별로 튼튼하지 않습니다.

문장 파헤치기

な형용사의 어간 + **じゃありません** = ___지 않습니다[않아요]

→ **な**형용사의 어간 뒤에 **じゃありません**를 붙이면
  '높임체 현재 부정형'이 됨.

丈夫^{じょう ぶ}だ = 튼튼하다

→ **丈夫^{じょう ぶ}じゃありません** = 튼튼하지 않습니다

車^{くるま} = (자동)차 / **あまり** = 별로

この車^{くるま}は	**あまり丈夫^{じょう ぶ}じゃありません。**
이 차 는	별로 튼튼하지 않습니다.

▼

この車^{くるま}はあまり丈夫^{じょう ぶ}じゃありません。

이 차 는 별로 튼튼하지 않습니다.

문장 3번 따라 쓰기

응용 문장 2번씩 쓰기

① 내 방은 별로 깨끗하지 않습니다.

힌트 部屋_{へや} = 방 / きれいだ = 깨끗하다

② 요새 우리 집 고양이는 건강하지 않습니다.

힌트 最近_{さいきん} = 요새 / うちの猫_{ねこ} = 우리 집(의) 고양이 / 元気_{げんき}だ = 건강하다

듣고 따라 말하기

응용 문장 모범 답안

① 私_{わたし}の部屋_{へや}はあまりきれいじゃありません。
② 最近_{さいきん}うちの猫_{ねこ}は元気_{げんき}じゃありません。

しっぱい けっ
失敗は決して

む だ
無駄じゃないです。

실패는 결코 쓸데없지 않아요.

な형용사의 어간 + じゃないです = ___지 않아요[않습니다]

→ な형용사의 어간 뒤에 じゃないです를 붙여도 '높임체 현재 부정형'이 됨.

(*~じゃありません보다 좀 더 부드럽고 일상적인 어투)

む だ
無駄だ = 소용없다, 쓸데없다

む だ
→ **無駄**じゃないです = 쓸데없지 않아요

しっぱい けっ
失敗 = 실패 / **決して** = 결코

しっぱい **失敗**は	けっ む だ **決して無駄**じゃないです.
실패는	결코 쓸데없지 않아요.

▼

しっぱい けっ む だ
失敗は**決して無駄**じゃないです.

실패는 결코 쓸데없지 않아요.

문장 3번 따라 쓰기

응용 문장 2번씩 쓰기

① 물건을 만드는 일은 결코 간단하지 않아요.

힌트 　物作り_{ものづく} = 물건을 만드는 일 / 簡単だ_{かんたん} = 간단하다

② 평소보다 맛이 부드럽지 않아요.

힌트 　いつもより = 평소보다 / 味_{あじ} = 맛 / マイルドだ = 부드럽다, 순하다

듣고 따라 말하기

MP3_052

응용 문장 모범 답안

① 物作_{ものづく}りは決_{けっ}して簡単_{かんたん}じゃないです。

② いつもより味_{あじ}がマイルドじゃないです。

この<ruby>森<rt>もり</rt></ruby>は
もう<ruby>安全<rt>あんぜん</rt></ruby>じゃない。

이 숲은 더 이상 안전하지 않아.

문장 파헤치기

な형용사의 어간 + じゃない = ___지 않다[않아]

→ な형용사의 어간 뒤에 じゃない를 붙이면 '반말체 현재 부정형'이 됨.

<ruby>安全<rt>あんぜん</rt></ruby>だ = 안전하다

→ <ruby>安全<rt>あんぜん</rt></ruby>じゃない = 안전하지 않아

<ruby>森<rt>もり</rt></ruby> = 숲

もう = 이미, 더 이상

この<ruby>森<rt>もり</rt></ruby>は	もう<ruby>安全<rt>あんぜん</rt></ruby>じゃない。
이 숲은	더 이상 안전하지 않아.

▼

この<ruby>森<rt>もり</rt></ruby>はもう<ruby>安全<rt>あんぜん</rt></ruby>じゃない。

이 숲은 더 이상 안전하지 않아.

문장 3번 따라 쓰기

응용 문장 2번씩 쓰기

① 이 순간은 행복하지 않아.

힌트 この瞬間 = 이 순간 / 幸せだ = 행복하다

② 시끄럽지(는) 않지만 조용하지(도) 않아.

힌트 うるさい = 시끄럽다 / ~けど = ~지만 / 静かだ = 조용하다

듣고 따라 말하기

MP3_053

DAY 054

まえがみ
前髪、

じゃ ま
邪魔じゃないですか。

앞머리, 걸리적거리지 않아요?

문장 파헤치기

な형용사의 어간 + **じゃないですか** = _____지 않습니까[않아요]?

→ **な**형용사의 어간 뒤에 **じゃないですか**를 붙이면
　'높임체 현재 부정 의문형'이 됨.

じゃ ま
邪魔だ = 방해되다, 걸리적거리다

じゃ ま
→ **邪魔じゃないですか** = 걸리적거리지 않아요?

まえがみ
前髪 = 앞머리

まえがみ **前髪、**	じゃ ま **邪魔**じゃないですか。
앞머리,	걸리적거리지 않아요?

▼

まえがみ　じゃ ま
前髪、邪魔じゃないですか。

앞머리, 걸리적거리지 않아요?

문장 3번 따라 쓰기

응용 문장 2번씩 쓰기

① 그녀의 꿈, 훌륭하지 않아요?

힌트 彼女(かのじょ) = 그녀 / 夢(ゆめ) = 꿈 / 立派(りっぱ)だ = 훌륭하다

② 이런 거 싫어하지 않아요?

힌트 こういうの = 이런 거 / 嫌(きら)いだ = 싫어하다

듣고 따라 말하기

응용 문장 모범 답안

① 彼女(かのじょ)の夢(ゆめ)、立派(りっぱ)じゃないですか。

② こういうの嫌(きら)いじゃないですか。

DAY 055

この問題、
変じゃない?

이 문제, 이상하지 않아?

문장 파헤치기

な형용사의 어간 + **じゃない?** = _____지 않아?

→ **な**형용사의 어간 뒤에 **じゃない**를 붙여 올려 읽으면
  '반말체 현재 부정 의문형'이 됨.

変だ = 이상하다

→ **変じゃない?** = 이상하지 않아?

問題 = 문제

この問題、	変じゃない?
이 문제,	이상하지 않아?

▼

この問題、変じゃない?

이 문제, 이상하지 않아?

문장 3번 따라 쓰기

응용 문장 2번씩 쓰기

① 유학 생활, 힘들지 않아?

힌트 <ruby>留学生活<rt>りゅうがくせいかつ</rt></ruby> = 유학 생활 / <ruby>大変<rt>たいへん</rt></ruby>だ = 힘들다

② 일본에서는 유명하지 않아?

힌트 <ruby>日本<rt>にほん</rt></ruby> = 일본 / ~では = ~에서는 / <ruby>有名<rt>ゆうめい</rt></ruby>だ = 유명하다

듣고 따라 말하기

MP3_055

응용 문장 모범 답안

① <ruby>留学生活<rt>りゅうがくせいかつ</rt></ruby>、<ruby>大変<rt>たいへん</rt></ruby>じゃない？

② <ruby>日本<rt>にほん</rt></ruby>では<ruby>有名<rt>ゆうめい</rt></ruby>じゃない？

143

20代の頃は
素直じゃありませんでした。

20대 때는 솔직하지 않았습니다.

문장 파헤치기

な형용사의 어간 + **じゃありませんでした** = ___지 않았습니다[않았어요]

→ **な**형용사의 어간 뒤에 **じゃありませんでした**를 붙이면
'높임체 과거 부정형'이 됨.

素直だ = 솔직하다, 있는 그대로 꾸밈없다, 성격이 비뚤지 않다

→ **素直じゃありませんでした** = 솔직하지 않았습니다

~代 = ~대 / **~頃** = ~때[즈음] → **20代の頃** = 20대(의) 때

20代の頃は	**素直じゃありませんでした。**
20대 때는	솔직하지 않았습니다.

▼

20代の頃は素直じゃありませんでした。

20대 때는 솔직하지 않았습니다.

문장 3번 따라 쓰기

응용 문장 2번씩 쓰기

① 역사 공부는 좋아하지 않았습니다.

힌트 歴史の勉強 = 역사(의) 공부 / 好きだ = 좋아하다

② 옛날부터 게임은 잘하지 않았습니다.

힌트 昔 = 옛날 / ~から = ~부터 / ゲーム = 게임 / 得意だ = 잘하다

듣고 따라 말하기

MP3_056

응용 문장 모범 답안

① 歴史の勉強は好きじゃありませんでした。

② 昔からゲームは得意じゃありませんでした。

前<ruby>まえ</ruby>のスマホはちっとも
スマートじゃなかったです。

전에 쓰던 스마트폰은 하나도 스마트하지 않았어요.

문장 파헤치기

な형용사의 어간 + じゃなかったです = ___지 않았어요[않았습니다]

→ な형용사의 어간 뒤에 じゃなかったです를 붙이면 '높임체 과거 부정형'이 됨.
  (*~じゃありませんでした보다 좀 더 부드럽고 일상적인 어투)

スマートだ = 스마트하다 / ちっとも = 하나도

→ ちっともスマートじゃなかったです = 하나도 스마트하지 않았어요

前<ruby>まえ</ruby>のスマホ(スマートフォン) = 전의[전에 쓰던] 스마트폰

前のスマホは	ちっともスマートじゃなかったです。
전에 쓰던 스마트폰은	하나도 스마트하지 않았어요.

▼

前<ruby>まえ</ruby>のスマホはちっともスマートじゃなかったです。
전에 쓰던 스마트폰은 하나도 스마트하지 않았어요.

문장 3번 따라 쓰기

응용 문장 2번씩 쓰기

① 내 친구(인) 시즈카는 하나도 조용하지 않았어요.

힌트 <ruby>友達<rt>ともだち</rt></ruby> = 친구 / <ruby>静香<rt>しずか</rt></ruby> = 시즈카 / <ruby>静<rt>しず</rt></ruby>かだ = 조용하다

② 시골 생활은 불편하지 않았어요.

힌트 <ruby>田舎生活<rt>いなかせいかつ</rt></ruby> = 시골 생활 / <ruby>不便<rt>ふべん</rt></ruby>だ = 불편하다

듣고 따라 말하기

응용 문장 모범 답안

MP3_057

① <ruby>私<rt>わたし</rt></ruby>の<ruby>友達<rt>ともだち</rt></ruby>の<ruby>静香<rt>しずか</rt></ruby>はちっとも<ruby>静<rt>しず</rt></ruby>かじゃなかったです。

② <ruby>田舎生活<rt>いなかせいかつ</rt></ruby>は<ruby>不便<rt>ふべん</rt></ruby>じゃなかったです。

147

元彼は
もとかれ

ハンサムじゃなかった。

전 남자친구는 잘생기지 않았어.

문장 파헤치기

な형용사의 어간 + **じゃなかった** = ___지 않았다[않았어]

→ **な**형용사의 어간 뒤에 **じゃなかった**를 붙이면
   '반말체 과거 부정형'이 됨.

ハンサムだ = 잘생기다

→ **ハンサム**じゃなかった = 잘생기지 않았어

元彼 = 전(에 사귀던) 남자친구
もとかれ

元彼は (もとかれ)	ハンサムじゃなかった。
전 남자친구는	잘생기지 않았어.

▼

元彼はハンサムじゃなかった。 (もとかれ)
전 남자친구는 잘생기지 않았어.

문장 3번 따라 쓰기

응용 문장 2번씩 쓰기

① 호텔 침대는 편하지 않았어.

힌트　ホテルのベッド = 호텔(의) 침대 / 快適^{かいてき}だ = 쾌적하다, 편하다

② 여권은 필요하지 않았어.

힌트　パスポート = 여권 / 必要^{ひつよう}だ = 필요하다

듣고 따라 말하기

응용 문장 모범 답안

① ホテルのベッドが快適^{かいてき}じゃなかった。

② パスポートは必要^{ひつよう}じゃなかった。

その二人、顔がそっくり
じゃありませんでしたか。

그 두 사람, 얼굴이 너무 닮지 않았어요?

문장 파헤치기

な형용사의 어간 + **じゃありませんでしたか**

= _____지 않았습니까[않았어요]?

→ **な**형용사의 어간 뒤에 **じゃありませんでしたか**를 붙이면
'높임체 과거 부정 의문형'이 됨.

そっくりだ = 꼭[너무] 닮았다 (매우 닮은 모양새)

→ **そっくり**じゃありませんでしたか = 꼭[너무] 닮지 않았어요?

その二人,	顔が	そっくりじゃありませんでしたか。
그 두 사람,	얼굴이	너무 닮지 않았어요?

▼

その二人、顔がそっくりじゃありませんでしたか。

그 두 사람, 얼굴이 너무 닮지 않았어요?

문장 3번 따라 쓰기

응용 문장 2번씩 쓰기

① 친구들과의 추억은 소중하지 않았어요?

힌트 　友達との思い出 = 친구들과의 추억 / 大切だ = 소중하다, 중요하다

② 전화 타이밍, 완벽하지 않았어요?

힌트 　電話のタイミング = 전화(의) 타이밍 / 完璧だ = 완벽하다

듣고 따라 말하기

응용 문장 모범 답안

① 友達との思い出は大切じゃありませんでしたか。
② 電話のタイミング、完璧じゃありませんでしたか。

DAY 060

<ruby>映画<rt>えいが</rt></ruby>の<ruby>主人公<rt>しゅじんこう</rt></ruby>、

かわいそうじゃなかった？

영화 주인공, 불쌍하지 않았어?

문장 파헤치기

な형용사의 어간 + じゃなかった? = ____지 않았어?

→ **な**형용사의 어간 뒤에 **じゃなかった**를 붙여 올려 읽으면
   '반말체 과거 부정 의문형'이 됨.

かわいそうだ = 불쌍하다

→ **かわいそうじゃなかった？** = 불쌍하지 않았어?

<ruby>映画<rt>えいが</rt></ruby>の<ruby>主人公<rt>しゅじんこう</rt></ruby> = 영화(의) 주인공

<ruby>映画<rt>えいが</rt></ruby>の<ruby>主人公<rt>しゅじんこう</rt></ruby>、	かわいそうじゃなかった？
영화 주인공,	불쌍하지 않았어?

▼

<ruby>映画<rt>えいが</rt></ruby>の<ruby>主人公<rt>しゅじんこう</rt></ruby>、かわいそうじゃなかった？

영화 주인공, 불쌍하지 않았어?

문장 3번 따라 쓰기

응용 문장 2번씩 쓰기

① 그 사람(의) 목소리, 멋지지 않았어?

힌트 彼 = 그 (사람) / 声 = 목소리 / 素敵だ = 멋지다

② 가게(의) 사장님, 친절하지 않았어?

힌트 店 = 가게 / 主人 = 사장님 / 親切だ = 친절하다

듣고 따라 말하기

응용 문장 모범 답안

① 彼の声、素敵じゃなかった？

② 店の主人、親切じゃなかった？

153

매일 1장
일본어 쓰기 습관
100일의 기적

私は日本語の勉強をする

CHAPTER 07

연결해서 말하기

準備ができました

まつもと
松本くんは

がっこう ともだち
学校の友達です。

마츠모토는 학교 친구예요.

문장 파헤치기

명사 + の + 명사 = ___의 ___

→ の는 '~의~'와 같이 명사와 명사를 연결해 주는 조사.

がっこう
学校 = 학교 / **友達** = 친구 (**ともだち**)

→ **学校の友達**です = 학교(의) 친구입니다[예요] (**がっこう ともだち**)

~くん = ~ 군 → **松本くん** = 마츠모토 군 (**まつもと**)

まつもと **松本くん**は	がっこう ともだち **学校の友達**です。
마츠모토 군은	학교(의) 친구예요.

▼

まつもと がっこう ともだち
松本くんは**学校の友達**です。

마츠모토 군은[마츠모토는] 학교(의) 친구예요.

문장 3번 따라 쓰기

응용 문장 2번씩 쓰기

① 여기가 역(의) 입구예요.

힌트 こちら = 여기 / 駅_{えき} = 역 / 入口_{いりぐち} = 입구

② 이게[이것이] 내 전화번호야.

힌트 これ = 이것 / 電話番号_{でんわばんごう} = 전화번호

듣고 따라 말하기

응용 문장 모범 답안

① こちらが駅の入口です。

② これが私の電話番号だよ。

サウジアラビアは
とても暑^{あつ}い国^{くに}だ。

사우디아라비아는 정말 더운 나라다.

문장 파헤치기

い형용사(기본형) + 명사 = ___인 ___

→ **い**형용사가 명사를 수식할 땐 '기본형'을 사용.

暑^{あつ}い = 덥다 / **国^{くに}** = 나라

→ **暑^{あつ}い国^{くに}** = 더운 나라

とても = 매우, 대단히, 정말 → **とても暑^{あつ}い国^{くに}** = 정말 더운 나라

サウジアラビア = 사우디아라비아

サウジアラビアは	**とても暑^{あつ}い国^{くに}だ。**
사우디아라비아 는	정말 더운 나라다.

▼

サウジアラビアはとても暑^{あつ}い国^{くに}だ。

사우디아라비아 는 정말 더운 나라다.

문장 3번 따라 쓰기

응용 문장 2번씩 쓰기

① 저는 점잖은 사람을 좋아해요.

힌트 大人^{おとな}しい = 온순하다, 점잖다 / 人^{ひと} = 사람 / 好^すきだ = 좋아하다

② 솔직히, 젊은 애들이 무섭다.

힌트 正直^{しょうじき} = 솔직히 / 若^{わか}い = 젊다 / 子^こたち = 애들 / 怖^{こわ}い = 무섭다

듣고 따라 말하기

응용 문장 모범 답안

① 私^{わたし}は大人^{おとな}しい人^{ひと}が好^すきです。

② 正直^{しょうじき}、若^{わか}い子^こたちが怖^{こわ}い。

_____월 _____일

ソウルで一番
賑やかな街はどこですか。

서울에서 가장 번화한 거리는 어디예요?

문장 파헤치기

な형용사(어미(だ)가 な로 변화) + 명사 = ___인 ___

→ な형용사가 명사를 수식할 땐 기본형의 어미(だ)가 な로 바뀜.

賑やかだ = 활기차다, 번화하다 / **街** = 거리

→ **賑やかな街** = 번화한 거리

一番賑やかな街 = 가장 번화한 거리

ソウル = 서울 / **~で** = ~에서 / **どこ** = 어디

ソウルで	一番賑やかな街は	どこですか。
서울에서	가장 번화한 거리는	어디예요?

▼

ソウルで一番賑やかな街はどこですか。
서울에서 가장 번화한 거리는 어디예요?

문장 3번 따라 쓰기

응용 문장 2번씩 쓰기

① 어제는 한가한 날이었어.

힌트 昨日(きのう) = 어제 / 暇(ひま)だ = 한가하다 / 日(ひ) = 날, 일

② 오구리 군이 자신 있는 스포츠는 뭐야?

힌트 小栗(おぐり)くん = 오구리 군 / 得意(とくい)だ = 자신 있다 / スポーツ = 스포츠

듣고 따라 말하기

응용 문장 모범 답안

① 昨日(きのう)は暇(ひま)な日(ひ)だった。

② 小栗(おぐり)くんが得意(とくい)なスポーツは何(なに)？

イさんは韓国からの留学生で今は大学3年生です。

이 씨는 한국에서 온 유학생이고,
지금은 대학교 3학년이에요.

문장 파헤치기

명사 + で = ___(이)고

→ 명사 뒤에 で를 붙이면 '~(이)고 ~이다'와 같이 '부연 설명' 가능.

韓国からの = 한국에서 온 / 留学生 = 유학생

→ 韓国からの留学生で = 한국에서 온 유학생이고

今 = 지금 / 大学 = 대학(교) / ~年生 = ~학년

イさんは	韓国からの留学生で	今は	大学3年生です。
이 씨는	한국에서 온 유학생이고	지금은	대학교 3학년이에요.

▼

イさんは韓国からの留学生で今は大学3年生です。

이 씨는 한국에서 온 유학생이고 지금은 대학교 3학년이에요.

문장 3번 따라 쓰기

응용 문장 2번씩 쓰기

① 여기는 내 방이고 저기는 부모님(의) 방이에요.

힌트 ここ = 여기 / 部屋(へや) = 방 / あそこ = 저기 / 両親(りょうしん) = 부모님

② 취미는 축구이고 좋아하는 음식은 돈까스예요.

힌트 趣味(しゅみ) = 취미 / サッカー = 축구 / 食べ物(たもの) = 음식 / トンカツ = 돈까스

듣고 따라 말하기

응용 문장 모범 답안

① ここは私(わたし)の部屋(へや)であそこは両親(りょうしん)の部屋(へや)です。

② 趣味(しゅみ)はサッカーで好(す)きな食(た)べ物(もの)はトンカツです。

一階はカウンター席で
少し狭いです。

1층은 바 자리여서 조금 좁아요.

문장 파헤치기

명사 + で = ___(여)서

→ '명사 + で'는 '~(여)서 ~이다'와 같이 '이유-결과' 설명도 가능.

カウンター席 = 바 자리

→ カウンター席で = 바 자리여서

~階 = ~층 → 一階 = 1층

少し = 조금, 약간 / 狭い = 좁다

一階は	カウンター席で	少し狭いです。
1층은	바 자리여서	조금 좁아요.

▼

一階はカウンター席で少し狭いです。
1층은 바 자리여서 조금 좁아요.

문장 3번 따라 쓰기

응용 문장 2번씩 쓰기

① 오늘은 일요일이어서 휴무예요.

힌트　今日_{きょう} = 오늘 / 日曜日_{にちようび} = 일요일 / 休_{やす}み = 휴일, 휴무

② 여기는 번화가여서 시끄러워요.

힌트　ここ = 여기 / 繁華街_{はんかがい} = 번화가 / うるさい = 시끄럽다

듣고 따라 말하기

MP3_065

응용 문장 모범 답안

① 今日_{きょう}は日曜日_{にちようび}で休_{やす}みです。

② ここは繁華街_{はんかがい}でうるさいです。

彼女は昔から明るくて優しかったです。

かのじょ　むかし　　あか

やさ

그녀는 옛날부터 밝고 상냥했어요.

문장 파헤치기

い형용사의 어간 + くて = ____(이)고

→ い형용사의 어간에 くて를 붙이면 '~(이)고 ~이다'와 같이 '부연 설명' 가능.

明るい = 밝다 / 優しい = 상냥하다, 자상하다

→ 明るくて = 밝고

明るくて優しかったです = 밝고 상냥했어요

彼女 = 그녀 / 昔 = 옛날 / ~から = ~부터

彼女は	昔から	明るくて優しかったです。
그녀는	옛날부터	밝고 상냥했어요.

▼

彼女は昔から明るくて優しかったです。

그녀는 옛날부터 밝고 상냥했어요.

문장 3번 따라 쓰기

응용 문장 2번씩 쓰기

① 어젯밤부터 간지럽고 아파요.

힌트 　昨夜 = 어젯밤 / かゆい = 간지럽다 / 痛い = 아프다

② 저 빨갛고 작은 가방이 제 것입니다.

힌트 　あの = 저, 그 / 赤い = 빨갛다 / 小さい = 작다 / かばん = 가방

듣고 따라 말하기

MP3_066

DAY 067

冬は寒くて
苦手です。

겨울은 추워서 질색이에요.

문장 파헤치기

い형용사의 어간 + くて = ___(여)서

→ 'い형용사의 어간 + くて'는 '~(여)서 ~이다'와 같이 '이유-결과' 설명도 가능.

寒い = 춥다 / 苦手だ = 질색하다; 서투르다

→ 寒くて = 추워서

寒くて苦手です = 추워서 질색이에요

冬 = 겨울

冬は	寒くて苦手です。
겨울은	추워서 질색이에요.

▼

冬は寒くて苦手です。
겨울은 추워서 질색이에요.

문장 3번 따라 쓰기

응용 문장 2번씩 쓰기

① 아침부터 계속 졸려서 큰일이네요.

힌트 朝^{あさ} = 아침 / ずっと = 계속 / 眠^{ねむ}い = 졸리다 / 大変^{たいへん}だ = 큰일이다

② 일이 바빠서 여유가 없다.

힌트 仕事^{し ごと} = 일 / 忙^{いそが}しい = 바쁘다 / 余裕^{よ ゆう}がない = 여유가 없다

듣고 따라 말하기

응용 문장 모범 답안

① 朝^{あさ}からずっと眠^{ねむ}くて大変^{たいへん}です。

② 仕事^{し ごと}が忙^{いそが}しくて余裕^{よ ゆう}がない。

にちようひん
日用品はおしゃれで
べんり　　　　　　　にんき
便利なものが人気です。

일용품은 세련되고 편리한 것이 인기 있어요.

문장 파헤치기

な형용사의 어간 + で = _____(이)고

→ な형용사의 어간에 で를 붙이면 '~(이)고 ~이다'와 같이 '부연 설명' 가능.

おしゃれだ = 세련되다 / 便利だ = 편리하다 / もの = 것, 물건

→ おしゃれで便利な = 세련되고 편리한

　おしゃれで便利なもの = 세련되고 편리한 것

にちようひん
日用品 = 일용품 / 人気だ = 인기 있다

にちようひん 日用品は	おしゃれで便利なものが	にんき 人気です。
일용품은	세련되고 편리한 것이	인기 있어요.

▼

にちようひん　　　　　　べんり　　　　　にんき
日用品はおしゃれで便利なものが人気です。

일용품은 세련되고 편리한 것이 인기 있어요.

문장 3번 따라 쓰기

응용 문장 2번씩 쓰기

① 나는 어렸을 때 내성적이고 말수가 적었다.

힌트 幼い頃 = 어렸을 때 / 内気だ = 내성적이다 / 口数が少ない = 말수가 적다

② 아이들은 모두 순수하고 활기차요.

힌트 子供たち = 아이들 / 素直だ = 순수하다 / 元気だ = 활기차다

듣고 따라 말하기

① 私は幼い頃、内気で口数が少なかった。

② 子供たちはみんな素直で元気だ。

DAY 069

<ruby>君<rt>きみ</rt></ruby>の<ruby>笑顔<rt>え がお</rt></ruby>が<ruby>無邪気<rt>む じゃ き</rt></ruby>で
<ruby>好<rt>す</rt></ruby>きだった。

네 웃는 얼굴이 천진난만해서 좋아했어.

문장 파헤치기

な형용사의 어간 + で = ___(여)서

→ 'な형용사의 어간 + で'는 '~(여)서 ~이다'와 같이 '이유-결과' 설명도 가능.

<ruby>無邪気<rt>む じゃ き</rt></ruby>だ = 천진난만하다, 순진하다 / <ruby>好<rt>す</rt></ruby>きだ = 좋아하다

→ <ruby>無邪気<rt>む じゃ き</rt></ruby>で<ruby>好<rt>す</rt></ruby>きだった = 천진난만해서 좋아했어

<ruby>君<rt>きみ</rt></ruby> = 너 (동년배나 손아랫사람을 지칭할 때 사용.)

<ruby>君<rt>きみ</rt></ruby>の<ruby>笑顔<rt>え がお</rt></ruby> = 너의[네] 웃는 얼굴

<ruby>君<rt>きみ</rt></ruby>の<ruby>笑顔<rt>え がお</rt></ruby>が	<ruby>無邪気<rt>む じゃ き</rt></ruby>で	<ruby>好<rt>す</rt></ruby>きだった。
네 웃는 얼굴이	천진난만해서	좋아했어.

▼

<ruby>君<rt>きみ</rt></ruby>の<ruby>笑顔<rt>え がお</rt></ruby>が<ruby>無邪気<rt>む じゃ き</rt></ruby>で<ruby>好<rt>す</rt></ruby>きだった。

네[너의] 웃는 얼굴이 천진난만해서 좋아했어.

문장 3번 따라 쓰기

응용 문장 2번씩 쓰기

① 선생님이 무뚝뚝해서 걱정이었어요.

힌트 先生(せんせい) = 선생님 / 無愛想(ぶあいそう)だ = 무뚝뚝하다 / 心配(しんぱい)だ = 두렵다, 걱정이다

② 제멋대로 굴어서 친구가 없다.

힌트 わがままだ = 제멋대로 굴다 / 友達(ともだち) = 친구 / いない = 없다

듣고 따라 말하기

응용 문장 모범 답안

① 先生(せんせい)が無愛想(ぶあいそう)で心配(しんぱい)でした。

② わがままで友達(ともだち)がいない。

173

夜の桜も
_{よる　さくら}

ロマンチックで素敵ですね。
_{す てき}

밤에 보는 벚꽃도 로맨틱하고[해서] 근사하네요.

문장 파헤치기

い형용사의 어간 + **くて**, な형용사의 어간 + **で** = ___(이)고/(여)서

→ '**~くて/~で**'는 위와 같이 '2가지 의미로 동시 해석'이 가능.

ロマンチック(ロマンティック)だ = 낭만적이다, 로맨틱하다

素敵だ = 근사하다, 아주 멋지다
_{す てき}

→ **ロマンチックで素敵ですね** = 로맨틱하고[로맨틱해서] 근사하네요
_{す てき}

夜の桜 = 밤의[밤에 보는] 벚꽃 (**夜桜**라고도 표현)
_{よる さくら}　_{よざくら}

夜の桜も	ロマンチックで	素敵ですね。
밤에 보는 벚꽃도	로맨틱하고[로맨틱해서]	근사하네요.

▼

夜の桜もロマンチックで素敵ですね。

밤에 보는 벚꽃도 로맨틱하고[로맨틱해서] 근사하네요.

문장 3번 따라 쓰기

응용 문장 2번씩 쓰기

① 이 쿠키는 달고[달아서] 맛있어요.

힌트 クッキー = 쿠키 / 甘い = 달다 / おいしい = 맛있다

② 말투가 귀엽고[귀여워서] 사랑스럽네요.

힌트 話し方 = 말투 / 可愛い = 귀엽다 / 愛おしい = 사랑스럽다

듣고 따라 말하기

응용 문장 모범 답안

① このクッキーは甘くておいしいです。

② 話し方が可愛くて愛おしいです。

매일 1장

일본어 쓰기 습관
100일의 기적

私は日本語の勉強をする

CHAPTER 08

~한다/합니다

準備ができました

<ruby>私<rt>わたし</rt></ruby>は<ruby>外国人<rt>がいこくじん</rt></ruby>の<ruby>友達<rt>ともだち</rt></ruby>が
<ruby>一人<rt>ひとり</rt></ruby>いる。

나는 외국인 친구가 한 명 있다.

문장 파헤치기

일본어 동사는 아래와 같이 4가지 종류로 구분됨.

① 1그룹 동사	2그룹/3그룹 동사를 제외한 모든 동사.
② 2그룹 동사	**る**로 끝나면서 **る**의 앞 음절이 **い・え**단인 동사.
③ 3그룹 동사	3그룹 동사는 딱 2개. – '**来る(くる)**, **する**'
④ 예외 1그룹 동사	형태는 2그룹인데 활용 방식은 1그룹을 따르는 동사.

예시 **い**る = 있다 (2그룹 동사) → '사람/동물'이 존재한다고 말할 때 사용.

<ruby>私<rt>わたし</rt></ruby>は	<ruby>外国人<rt>がいこくじん</rt></ruby>の<ruby>友達<rt>ともだち</rt></ruby>が	<ruby>一人<rt>ひとり</rt></ruby>	いる。
나는	외국인(인) 친구가	한 명	있다.

▼

<ruby>私<rt>わたし</rt></ruby>は<ruby>外国人<rt>がいこくじん</rt></ruby>の<ruby>友達<rt>ともだち</rt></ruby>が<ruby>一人<rt>ひとり</rt></ruby>いる。
나는 외국인 친구가 한 명 있다.

문장 3번 따라 쓰기

응용 문장 2번씩 쓰기

① 우리 집에는 큰 개가 두 마리나 있다.

힌트 私の家には = 나의[우리] 집에는 / 大型犬 = 큰 개 / ~匹も = ~마리나

② 가족은 모두 외국에 있다.

힌트 家族 = 가족 / みんな = 모두 / 外国に = 외국에

듣고 따라 말하기

MP3_071

응용 문장 모범 답안

① 私の家には大型犬が2匹もいる。

② 家族はみんな外国にいる。

179

この<ruby>店<rt>みせ</rt></ruby>には
<ruby>韓国語<rt>かんこく ご</rt></ruby>のメニューがある。

이 가게에는 한국어 메뉴가 있다.

문장 파헤치기

ある = 있다 ('사물/식물'이 존재한다고 말할 때 사용.)

→ **る**로 끝나지만 **る**의 앞 음절이 **い・え**단이 아닌 동시에

   3그룹 동사(**来る, する**)도 아니므로 1그룹 동사임을 알 수 있음.

<ruby>店<rt>みせ</rt></ruby> = 가게 / **~には** = ~에는

<ruby>韓国語<rt>かんこく ご</rt></ruby> = 한국어 / **メニュー** = 메뉴

→ **<ruby>韓国語<rt>かんこく ご</rt></ruby>のメニュー** = 한국어(의) 메뉴

この<ruby>店<rt>みせ</rt></ruby>には	<ruby>韓国語<rt>かんこく ご</rt></ruby>のメニューが	ある。
이 가게에는	한국어 메뉴가	있다.

▼

この<ruby>店<rt>みせ</rt></ruby>には <ruby>韓国語<rt>かんこく ご</rt></ruby>のメニューがある。

이 가게에는 한국어 메뉴가 있다.

문장 3번 따라 쓰기

응용 문장 2번씩 쓰기

① 출발까지 조금 시간이 있다.

힌트 　出発 = 출발 / ~まで = ~까지 / 少し = 조금, 약간 / 時間 = 시간
　　　しゅっぱつ　　　　　　　　　　　　すこ　　　　　　　　　じ かん

② 필요한 만큼의 돈이 있다.

힌트 　必要なだけ = 필요한 만큼 / (お)金 = 돈
　　　ひつよう　　　　　　　　　　　か ね

듣고 따라 말하기

응용 문장 모범 답안

① 出発まで少し時間がある。
　しゅっぱつ　すこ　じ かん

② 必要なだけのお金がある。
　ひつよう　　　　　か ね

181

<ruby>明日<rt>あした</rt></ruby>は

ももちゃんに<ruby>会<rt>あ</rt></ruby>う。

내일은 모모 양을 만난다.

문장 파헤치기

<ruby>会<rt>あ</rt></ruby>う = 만나다 (1그룹 동사)

→ '~을[를] 만나다'라고 말할 땐 만나는 대상 뒤에 조사 **に**를 붙여서 말함.

　~に<ruby>会<rt>あ</rt></ruby>う = ~을[를] 만나다

<ruby>明日<rt>あした</rt></ruby> = 내일

~ちゃん = ~ 양 → **ももちゃん** = 모모 양

(*보통 '여성'인 친구의 성이나 이름 뒤에 붙여 친근하게 지칭할 때 사용.)

<ruby>明日<rt>あした</rt></ruby>は	ももちゃんに	<ruby>会<rt>あ</rt></ruby>う。
내일은	모모 양을	만난다.

▼

<ruby>明日<rt>あした</rt></ruby>はももちゃんに<ruby>会<rt>あ</rt></ruby>う。

내일은 모모 양을 만난다.

문장 3번 따라 쓰기

응용 문장 2번씩 쓰기

① 오늘 저녁 고등학교 선배와 만난다.

힌트 今晩^{こんばん} = 오늘 저녁 / 高校^{こうこう}の先輩^{せんぱい} = 고등학교(의) 선배

② 나는 매주 복권을 산다.

힌트 毎週^{まいしゅう} = 매주 / 宝^{たから}くじ = 복권 / ~を買^かう = ~을[를] 사다

듣고 따라 말하기

MP3_073

응용 문장 모범 답안

① 今晩^{こんばん}高校^{こうこう}の先輩^{せんぱい}と会^あう。

② 私^{わたし}は毎週^{まいしゅう}宝^{たから}くじを買^かう。

コンビニまで
一緒に行く？

편의점까지 같이 갈래?

문장 파헤치기

동사 원형의 끝을 올려 읽으면 '반말체 제안 표현'이 됨.

동사 원형? = ____할래[할까]?

行く = 가다 (1그룹 동사)

→ **行く?** = 갈래[갈까]?

コンビニ = 편의점 (**コンビニエンスストア**의 줄임말)

一緒に = 같이, 함께

コンビニまで	一緒に	行く？
편의점까지	같이	갈래?

▼

コンビニまで一緒に行く？

편의점까지 같이 갈래?

문장 3번 따라 쓰기

응용 문장 2번씩 쓰기

① 어디서 기다릴래?

힌트 どこで = 어디서 / 待つ = 기다리다

② 뭐 마실래?

힌트 何 = 뭐, 무엇 / 飲む = 마시다

듣고 따라 말하기

MP3_074

응용 문장 모범 답안

① どこで待つ？

② 何飲む？

185

まいあさ
毎朝、

でんしゃ　　の
電車に乗ります。

매일 아침, 전철을 탑니다.

문장 파헤치기

'1그룹 동사의 높임체 현재 긍정형'은 어미를 **い단**으로 바꾼 후 **ます**를 붙임.

1그룹 동사(어미를 'い단'으로 변경) + ます = _____합니다[해요]

*참고로 일본어엔 미래에 대해 말하는 미래형이 따로 없으며,

'동사의 현재형'으로 미래(~할 것이다, ~할 것입니다)를 대신 표현.

の
乗る = 타다 (1그룹 동사) → **乗る**[ru] → **乗り**[ri] → **乗り**ます = 탑니다

まいあさ　　　　　　でんしゃ
毎朝 = 매일 아침 / **電車** = 전철

まいあさ 毎朝、	でんしゃ 電車に	の 乗ります。
매일 아침,	전철을	탑니다.

▼

まいあさ　でんしゃ　の
毎朝、電車に乗ります。

매일 아침, 전철을 탑니다.

문장 3번 따라 쓰기

응용 문장 2번씩 쓰기

① 오늘은 9시에 귀가할 겁니다. ('동사의 현재형'으로 미래 표현)

힌트 今日 = 오늘 / 9時に = 9시에 / 帰る = 돌아가다, 귀가하다

② 선생님과는 일본어로 이야기합니다.

힌트 先生とは = 선생님과는 / 日本語で = 일본어로 / 話す = 이야기하다

듣고 따라 말하기

MP3_075

응용 문장 모범 답안

① 今日は 9 時に帰ります。

② 先生とは日本語で話します。

ときどき
時々テレビで
野球の試合を見ます。

가끔 TV로 야구 경기를 봅니다.

문장 파헤치기

'2그룹 동사의 높임체 현재 긍정형'은 어미(る)를 탈락시킨 후 **ます**를 붙임.

2그룹 동사(어미(る) 탈락)+ **ます** = ____합니다[해요]

見る = 보다 (2그룹 동사) → **見る** → **見** → **見ます** = 봅니다

('~을[를] 보다'라고 말할 땐 보는 대상 뒤에 조사 **を**를 붙여서 말함.)

時々 = 가끔, 때때로 / **テレビ** = TV

野球の試合 = 야구(의) 경기[시합]

時々	テレビで	野球の試合を	見ます。
가끔	TV로	야구 경기를	봅니다.

▼

時々テレビで野球の試合を見ます。

가끔 TV로 야구 경기를 봅니다.

문장 3번 따라 쓰기

응용 문장 2번씩 쓰기

① 저에게는 예쁜 딸이 한 명 있습니다.

힌트   ~には = ~에게는 / 可愛い<ruby>可愛<rt>か わい</rt></ruby>い = 예쁘다 / <ruby>娘<rt>むすめ</rt></ruby> = 딸 / いる = 있다

② 내일은 꼭 아침밥을 먹을 거예요.

힌트   <ruby>明日<rt>あ し た</rt></ruby> = 내일 / <ruby>必<rt>かなら</rt></ruby>ず = 꼭[반드시] / <ruby>朝<rt>あさ</rt></ruby>ごはん = 아침밥 / <ruby>食<rt>た</rt></ruby>べる = 먹다

듣고 따라 말하기

MP3_076

① <ruby>私<rt>わたし</rt></ruby>には<ruby>可愛<rt>か わい</rt></ruby>い<ruby>娘<rt>むすめ</rt></ruby>が<ruby>一人<rt>ひ と り</rt></ruby>います。

② <ruby>明日<rt>あ し た</rt></ruby>は<ruby>必<rt>かなら</rt></ruby>ず<ruby>朝<rt>あさ</rt></ruby>ごはんを<ruby>食<rt>た</rt></ruby>べます。

週に二回
しゅう に かい

ジムで運動をします。
うんどう

일주일에 두 번 헬스장에서 운동을 합니다.

'3그룹 동사의 높임체 현재 긍정형'은 불규칙 변화 형태이므로 그냥 암기.

3그룹 동사(불규칙 변화) + ます = ___합니다[해요]

する = 하다 → **し**ます = 합니다

来る = 오다 → **来**ます = 옵니다
く　　　　　　き

週 = 주, 일주일 / **~回** = ~번 → **週に二回** = 일주일에 두 번
しゅう　　　　　かい　　　　　　しゅう に かい

ジム = 체육관, 헬스장 / **運動** = 운동
　　　　　　　　　　　　うんどう

週に二回	ジムで	運動を	します。
일주일에 두 번	헬스장에서	운동을	합니다.

▼

週に二回ジムで運動をします。
しゅう に かい　　　　　うんどう

일주일에 두 번 헬스장에서 운동을 합니다.

문장 3번 따라 쓰기

응용 문장 2번씩 쓰기

① 버스가 10분마다 옵니다.

힌트 バス = 버스 / 10分おきに = 10분마다

② 저는 자주 카페에서 공부해요.

힌트 よく = 자주 / カフェ = 카페 / 勉強する = 공부하다

듣고 따라 말하기

MP3_077

응용 문장 모범 답안

① バスが 10分おきに来ます。

② 私はよくカフェで勉強します。

191

_____월 _____일

これはどうやって
使_{つか}いますか。

이것은 어떻게 사용해요?

'1/2/3그룹 동사의 높임체 현재 긍정형'에서 **ます** 자리에 **ますか**를
넣어 말하면 '동사의 높임체 현재 긍정 의문형'이 됨.

'동사의 높임체 현재 긍정형'에서 ます → ますか = ___합니까[해요]?

使_{つか}う = 사용하다 (1그룹 동사)

使_{つか}う[u] → 使_{つか}い[i] → 使_{つか}いますか = 사용합니까[해요]?

これ = 이것 / どうやって = 어떻게

これは	どうやって	使_{つか}いますか。
이것은	어떻게	사용해요?

▼

これはどうやって使_{つか}いますか。

이것은 어떻게 사용해요?

문장 3번 따라 쓰기

응용 문장 2번씩 쓰기

① 이것은 어떻게 먹어요?

힌트 食べる = 먹다

② 매일 몇 시에 일어나요?

힌트 毎日 = 매일 / 何時に = 몇 시에 / 起きる = 일어나다

듣고 따라 말하기

MP3_078

응용 문장 모범 답안

① これはどうやって食べますか。

② 毎日何時に起きますか。

193

_____월 _____일

さっき
お風呂<ruby>ふろ</ruby>に入<ruby>はい</ruby>りました。

방금 목욕했습니다.

문장 파헤치기

'1/2/3그룹 동사의 높임체 현재 긍정형'에서 **ます** 자리에 **ました**를
넣어 말하면 '동사의 높임체 과거 긍정형'이 됨.

'동사의 높임체 현재 긍정형'에서 ます → ました = ___했습니다[했어요]

お風呂<ruby>ふろ</ruby>に入<ruby>はい</ruby>る[ru] = 목욕하다 (예외 1그룹 동사)

→ **お風呂<ruby>ふろ</ruby>に入<ruby>はい</ruby>り**[ri]**ました** = 목욕했습니다

さっき = 아까, 조금 전, 방금

さっき	お風呂<ruby>ふろ</ruby>に入<ruby>はい</ruby>りました。
방금	목욕했습니다.

▼

さっきお風呂<ruby>ふろ</ruby>に入<ruby>はい</ruby>りました。

방금 목욕했습니다.

문장 3번 따라 쓰기

응용 문장 2번씩 쓰기

① 어제 머리를 잘랐어요.

힌트 昨日 = 어제 / 髪を切る = 머리를 자르다

きのう　　　　　　　かみ　き

② 주말이라서 늦게 잤어요.

힌트 週末だから = 주말이라서 / 遅く = 늦게 / 寝る = 자다

しゅうまつ　　　　　　　　おそ　　　　　ね

듣고 따라 말하기

MP3_079

응용 문장 모범 답안

① 昨日髪を切りました。

きのうかみ　き

② 週末だから遅く寝ました。

しゅうまつ　　おそ　ね

授業<ruby>じゅぎょう</ruby>はもう
終<ruby>お</ruby>わりましたか。

수업은 이제 끝났어요?

문장 파헤치기

'1/2/3그룹 동사의 높임체 현재 긍정형'에서 **ます** 자리에 **ましたか**를
넣어 말하면 '동사의 높임체 과거 긍정 의문형'이 됨.

'동사의 높임체 현재 긍정형'에서 ます → ましたか = ____했습니까[했어요]?

終<ruby>お</ruby>わる[ru] = 끝나다 (1그룹 동사)

→ 終<ruby>お</ruby>わり[ri]ましたか = 끝났어요?

授業<ruby>じゅぎょう</ruby> = 수업 / **もう** = 이제

授業<ruby>じゅぎょう</ruby>は	もう	終<ruby>お</ruby>わりましたか。
수업은	이제	끝났어요?

▼

授業<ruby>じゅぎょう</ruby>はもう終<ruby>お</ruby>わりましたか。

수업은 이제 끝났어요?

문장 3번 따라 쓰기

응용 문장 2번씩 쓰기

① 어느 쪽 팀이 이겼어요?

힌트 チーム = 팀 → <u>どっちのチーム</u> = 어느 쪽 팀 / 勝つ = 이기다

② 이 사진은 누가 찍었어요?

힌트 写真 = 사진 / 誰が = 누가 / 撮る = 찍다

듣고 따라 말하기

응용 문장 모범 답안

① どっちのチームが勝ちましたか。

② この写真は誰が撮りましたか。

매일 1장

일본어 쓰기 습관
100일의 기적

私は日本語の勉強をする

CHAPTER 09

~하지 않는다/않습니다

準備ができました

DAY 081

あさ
朝はいつも
よ ゆう
余裕がない。

아침은 항상 여유가 없다.

문장 파헤치기

ある = 있다 (1그룹 동사) / **ない** = 없다 (**い**형용사)

___**が** ある/ない = ___이[가] 있다/없다

→ '사물/식물'의 존재 유무를 말할 때 사용하는 표현.

よ ゆう
余裕 = 여유

よ ゆう   よ ゆう
→ **余裕が** ある = 여유가 있다 / **余裕が** ない = 여유가 없다

あさ
朝 = 아침 / **いつも** = 항상

あさ **朝**は	**いつも**	よ ゆう **余裕**が	ない。
아침은	항상	여유가	없다.

▼

あさ   よ ゆう
朝はいつも**余裕**がない。
아침은 항상 여유가 없다.

문장 3번 따라 쓰기

응용 문장 2번씩 쓰기

① 가방 안에 지갑이 없다.

힌트 かばんの中 = 가방(의) 안 / 財布 = 지갑
　　　　　なか　　　　　　　　　さい ふ

② 여기에는 예쁜 옷이 없다.

힌트 ここ = 여기 / ~には = ~에는 / かわいい = 예쁘다 / 服 = 옷
　　　　　　　　　　　　　　　　　　　　　　　　　　　　ふく

듣고 따라 말하기

응용 문장 모범 답안

① かばんの中に財布がない。
　　　　　　なか　さい ふ

② ここにはかわいい服がない。
　　　　　　　　　　　　ふく

201

この町には子供が一人もいない。

まち こども

ひとり

이 동네에는 어린이가 한 명도 없다.

'2그룹 동사의 반말체 현재 부정형'은 어미(**る**)를 탈락시킨 후 **ない**를 붙임.

2그룹 동사(어미(**る**) 탈락) + **ない** = ___하지 않(는)다

いる(있다) → **いる** → **いない** = 있지 않다

('**いる/いない**'는 '사람/동물'의 존재 유무를 말할 때 사용.)

町 = 동네, 마을 / **~には** = ~에는
まち

子供 = 어린이 / **一人** = 한 명
こども　　　　　　ひとり

この町には	子供が	一人も	いない。
이 동네에는	어린이가	한 명도	있지 않다.

▼

この町には子供が一人もいない。
まち　　こども　ひとり

이 동네에는 어린이가 한 명도 있지 않다[없다].

문장 3번 따라 쓰기

응용 문장 2번씩 쓰기

① 이 동네에는 고양이가 한 마리도 없다.

힌트 猫(ねこ) = 고양이 / 一匹(いっぴき) = 한 마리

② 매일 밤 12시까지 안 자.

힌트 毎晩(まいばん) = 매일 밤 / 12時(じ) = 12시 / ~まで = ~(시)까지 / 寝(ね)る = 자다

듣고 따라 말하기

MP3_082

응용 문장 모범 답안

① この町(まち)には猫(ねこ)が一匹(いっぴき)もいない。

② 毎晩(まいばん) 12 時(じ)まで寝(ね)ない。

DAY 083

外でちょっと
話さない?

밖에서 잠깐 얘기하지 않을래?

문장 파헤치기

'1그룹 동사의 반말체 현재 부정형'은 어미를 **あ단**으로 바꾼 후 **ない**를 붙임.

(*단, **う**로 끝나는 동사는 어미(**う**)를 **わ**로 바꾼 후 **ない**를 붙임.)

> 1그룹 동사(어미를 '**あ단**'으로 변경) + **ない** = ___하지 않(는)다

話す(이야기하다) → **話さ** → **話さない** = 이야기하지 않(는)다

買う(사다) → **買わ** → **買わない** = 사지 않(는)다

外 = 밖 → **外で** = 밖에서 / **ちょっと** = 잠깐, 조금

外で	ちょっと	話さない?
밖에서	잠깐	얘기하지 않을래?

▼

外でちょっと話さない?
밖에서 잠깐 얘기하지 않을래?

문장 3번 따라 쓰기

응용 문장 2번씩 쓰기

① 슬슬 집에 안 갈래?

힌트 そろそろ = 슬슬 / 帰る = (집에) 돌아가다, 귀가하다

② 컨디션이 좋으니까 약은 먹지 않겠다.

힌트 体調がいい = 컨디션이 좋다 / ~から = ~니까 / 薬を飲む = 약을 먹다

듣고 따라 말하기

응용 문장 모범 답안

① そろそろ家に帰らない？

② 体調がいいから薬を飲まない。

_____월 _____일

バスがなかなか
来ない。
<small>こ</small>

버스가 좀처럼 오지 않는다.

'3그룹 동사의 반말체 현재 부정형'은 불규칙 변화 형태이므로 그냥 암기.

> 3그룹 동사(불규칙 변화) + ない = _____하지 않(는)다

する(하다) → **し**ない = 하지 않(는)다

来る(오다) → **来**ない = 오지 않(는)다

バス = 버스

なかなか = 좀처럼 (~하지 않(는)다); 제법, 꽤

バスが	なかなか	来ない。
버스가	좀처럼	오지 않는다.

▼

バスがなかなか来ない。
버스가 좀처럼 <u>오</u>지 않는다.

문장 3번 따라 쓰기

응용 문장 2번씩 쓰기

① 그는 오늘은 오지 않을 것이다.

힌트 　彼^{かれ} = 그 사람 / 今日^{きょう} = 오늘

② 귀찮은 일은 하지 않을 거다.

힌트 　面倒^{めんどう}だ = 귀찮다 / 仕事^{し ごと} = 일

듣고 따라 말하기

MP3_084

응용 문장 모범 답안
① 彼^{かれ}は今日^{きょう}は来^こない。
② 面倒^{めんどう}な仕事^{し ごと}はしない。

207

月曜日だから
あまり待たなかった。

월요일이라서 별로 기다리지 않았다.

문장 파헤치기

'1/2/3그룹 동사의 반말체 현재 부정형'에서 **ない** 자리에 **なかった**를 넣어 말하면 '동사의 반말체 과거 부정형'이 됨.

'동사의 반말체 현재 부정형'에서 ない → なかった = ___하지 않았다

待つ = 기다리다 (1그룹 동사) → **待た**なかった = 기다리지 않았다

月曜日だから = 월요일이라서
あまり = 별로, 그다지

月曜日だから	あまり	待たなかった。
월요일이라서	별로	기다리지 않았다.

▼

月曜日だからあまり待たなかった。
월요일이라서 별로 기다리지 않았다.

문장 3번 따라 쓰기

응용 문장 2번씩 쓰기

① 선생님의 목소리가 잘 안 들렸다.

> 힌트 　先生(せんせい) = 선생님 / 声(こえ) = 목소리 / よく聞(き)こえる = 잘 들리다

② 바로 답장을 하지 않았다.

> 힌트 　すぐに = 바로 / 返信(へんしん)をする = 답장을 하다

듣고 따라 말하기

응용 문장 모범 답안

① 先生(せんせい)の声(こえ)がよく聞(き)こえなかった。

② すぐに返信(へんしん)をしなかった。

209

<ruby>今月<rt>こんげつ</rt></ruby>は 1<ruby>日<rt>いちにち</rt></ruby>しか

<ruby>休<rt>やす</rt></ruby>みません。

이번 달은 하루밖에 쉬지 않습니다.

문장 파헤치기

'1/2/3그룹 동사의 높임체 현재 긍정형'에서 **ます** 자리에 **ません**를
넣어 말하면 '동사의 높임체 현재 부정형'이 됨.

'동사의 높임체 현재 긍정형'에서 ます → ません = ___하지 않습니다[않아요]

<ruby>休<rt>やす</rt></ruby>む = 쉬다 (1그룹 동사) → <ruby>休<rt>やす</rt></ruby>みません = 쉬지 않습니다

<ruby>今月<rt>こんげつ</rt></ruby> = 이번 달 / 1<ruby>日<rt>いちにち</rt></ruby> = 하루

~しか = ~밖에 (~하지 않(는)다)

<ruby>今月<rt>こんげつ</rt></ruby>は	1<ruby>日<rt>いちにち</rt></ruby>しか	<ruby>休<rt>やす</rt></ruby>みません。
이번 달은	하루밖에	쉬지 않습니다.

▼

<ruby>今月<rt>こんげつ</rt></ruby>は 1<ruby>日<rt>いちにち</rt></ruby>しか <ruby>休<rt>やす</rt></ruby>みません。

이번 달은 하루밖에 쉬지 않습니다.

문장 3번 따라 쓰기

응용 문장 2번씩 쓰기

① 저는 절대 지지 않을 겁니다.

힌트 　絶対 = 절대 / 負ける = 지다
　　　　ぜったい　　　　　　　　　ま

② '조만간'이란 시간은 오지 않습니다.

힌트 　「そのうち」なんて = '조만간'이란 / 時間 = 시간 / 来る = 오다
　　　　　　　　　　　　　　　　　　　じかん　　　　　　　　く

듣고 따라 말하기

응용 문장 모범 답안

① 私は絶対負けません。
　わたし　ぜったい　ま

② 「そのうち」なんて時間は来ません。
　　　　　　　　　　じかん　き

_____월_____일

こうこうせい　　ころ
高校生の頃、

せいふく　　　き
制服を着ませんでした。

고등학생 때, 교복을 입지 않았습니다.

문장 파헤치기

'1/2/3그룹 동사의 높임체 현재 긍정형'에서 **ます** 자리에 **ませんでした**를
넣어 말하면 '동사의 높임체 과거 부정형'이 됨.

'동사의 높임체 현재 긍정형'에서 ます → ませんでした

= ___하지 않았습니다[않았어요]

き
着る = 입다 (2그룹 동사) → **着ませんでした** = 입지 않았습니다
こうこうせい　ころ　　　　　　　　　　　　　　　　せいふく
高校生の頃 = 고등학생(의) 때[쯤] / **制服** = 교복, 제복, 유니폼

こうこうせい　ころ **高校生の頃、**	せいふく **制服を**	き **着ませんでした。**
고등학생 때,	교복을	입지 않았습니다.

▼

こうこうせい　ころ　　せいふく　　き
高校生の頃、制服を着ませんでした。
고등학생 때, 교복을 입지 않았습니다.

문장 3번 따라 쓰기

응용 문장 2번씩 쓰기

① 작년에는 한 번도 산에 오르지 않았습니다.

힌트 　去年は = 작년에는 / 一度も = 한 번도 / 山に登る = 산에 오르다

② 어제는 그에게 연락하지 않았습니다.

힌트 　昨日 = 어제 / 彼 = 그 (사람) / 連絡する = 연락하다

듣고 따라 말하기

응용 문장 모범 답안

① 去年は一度も山に登りませんでした。

② 昨日は彼に連絡しませんでした。

213

DAY 088

まえ
前よりは

きんちょう
緊張しなかったです。

전보다는 긴장하지 않았어요.

문장 파헤치기

'동사의 반말체 과거 부정형' 뒤에 **です**를 붙여도 '동사의 높임체 과거 부정형'이 됨.
(*앞서 배운 '~ませんでした'보다 좀 더 일상적인 느낌의 어투.)

동사의 반말체 과거 부정형 + **です** = ___하지 않았어요[않았습니다]

きんちょう
緊張する = 긴장하다 (3그룹 동사)

きんちょう
→ **緊張し**なかったです = 긴장하지 않았어요

まえ
前 = 전, 앞 / **~より** = ~보다

まえ **前**よりは	きんちょう **緊張し**なかったです。
전보다는	긴장하지 않았어요.

▼

まえ　　きんちょう
前よりは緊張しなかったです。

전보다는 긴장하지 않았어요.

문장 3번 따라 쓰기

응용 문장 2번씩 쓰기

① 그녀에게는 청첩장을 보내지 않았어요.

힌트 　彼女には = 그녀에게는 / 招待状 = 초대장; 청첩장 / 送る = 보내다
　　かのじょ　　　　　　　　　しょうたいじょう　　　　　　　　おく

② 저는 노래를 부르지 않았어요.

힌트 　歌を歌う = 노래를 부르다
　　うた　うた

듣고 따라 말하기

응용 문장 모범 답안

① 彼女には招待状を送らなかったです。
　かのじょ　　しょうたいじょう　おく

② 私は歌を歌わなかったです。
　わたし　うた　うた

215

部屋の電気を
消しませんでしたか。

방 전등을 끄지 않았습니까?

문장 파헤치기

'1/2/3그룹 동사의 높임체 현재 긍정형'에서 **ます** 자리에 **ませんでしたか**를
넣어 말하면 '동사의 <u>높임체 과거 부정 의문형</u>'이 됨.

'동사의 높임체 현재 긍정형'에서 ます → ませんでしたか

= ___하지 않았습니까[않았어요]?

消す = 끄다 (1그룹 동사) → 消しませんでしたか = 끄지 않았습니까?

部屋 = 방 / 電気 = 전기; 전등 → 部屋の電気 = 방(의) 전등

部屋の電気を	消しませんでしたか。
방 전등을	끄지 않았습니까?

▼

部屋の電気を消しませんでしたか。

방 전등을 끄지 않았습니까?

문장 3번 따라 쓰기

응용 문장 2번씩 쓰기

① 어제는 피곤하지 않았습니까?

힌트 昨日_{きのう} = 어제 / 疲れる_{つか} = 피곤하다

② 휴대폰을 잃어버리지 않으셨어요?

힌트 携帯電話_{けいたいでん わ} = 휴대전화, 휴대폰 / 無くす_な = 잃어버리다

듣고 따라 말하기

MP3_089

응용 문장 모범 답안

① 昨日は疲れませんでしたか。

② 携帯電話を無くしませんでしたか。

217

何^{なん}で最後^{さいご}まで 読^よまなかったの?

왜 마지막까지 안 읽었어?

문장 파헤치기

'동사의 반말체 과거 부정 의문형'은 '반말체 과거 부정형'을 올려 읽으면 됨.

(*단, '이유'를 물어보는 뉘앙스일 땐 끝에 종조사 **の**를 붙이기도 함.)

> 동사의 반말체 과거 부정형(+ **の**)? = (왜) ____하지 않았어?

読^よむ = 읽다 (1그룹 동사)

→ 読^よまなかった? = (왜) 읽지 않았어?

何^{なん}で = 왜 / 最後^{さいご} = 마지막 / ~まで = ~까지

何^{なん}で	最後^{さいご}まで	読^よまなかったの?
왜	마지막까지	읽지 않았어?

何^{なん}で最後^{さいご}まで読^よまなかったの?

왜 마지막까지 읽지 않았어[안 읽었어]?

문장 3번 따라 쓰기

응용 문장 2번씩 쓰기

① 왜 열쇠로 잠그지 않았어?

힌트 鍵をかける = 열쇠로 잠그다

② 또 청소 안 했어?

힌트 また = 또 / 掃除する = 청소하다

듣고 따라 말하기

응용 문장 모범 답안

① 何で鍵をかけなかったの？

② また掃除しなかったの？

매일 1장

일본어 쓰기 습관

100일의 기적

私は日本語の勉強をする

CHAPTER 10

~했다, ~한 [명사]

準備ができました

DAY 091

家族<ruby>か</ruby><ruby>ぞく</ruby>と一緒<ruby>いっしょ</ruby>に
旅行<ruby>りょこう</ruby>に行<ruby>い</ruby>った。

가족과 함께 여행에 갔다.

문장 파헤치기

'어미가 **く・ぐ** 인 1그룹 동사의 반말체 과거 긍정형'은 아래와 같음.

> 1그룹 동사(어미가 **く**)의 어간 + いた = ___했다[했어]

> 1그룹 동사(어미가 **ぐ**)의 어간 + いだ = ___했다[했어]

書く(쓰다) → 書いた(썼다) / 泳ぐ(헤엄치다) → 泳いだ(헤엄쳤다)

(*단, '行く(가다)'는 예외적으로 '行った(갔다)'가 됨.)

家族 = 가족 / 一緒に = 함께, 같이 / 旅行に行く = 여행에 가다

家族と	一緒に	旅行に	行った。
가족과	함께	여행에	갔다.

▼

家族と一緒に旅行に行った。

가족과 함께 여행에 갔다.

문장 3번 따라 쓰기

응용 문장 2번씩 쓰기

① 오랜만에 옛날 노래를 들었다.

힌트 久しぶりに = 오랜만에 / 昔の歌 = 옛날(의) 노래 / 聞く = 듣다

② 더워서 겉옷을 벗었다.

힌트 暑い = 덥다 / 上着 = 겉옷 / 脱ぐ = 벗다

듣고 따라 말하기

응용 문장 모범 답안
① 久しぶりに昔の歌を聞いた。
② 暑くて上着を脱いだ。

223

<ruby>髪<rt>かみ</rt></ruby>、

<ruby>切<rt>き</rt></ruby>った?

머리, 잘랐어?

문장 파헤치기

'어미가 **う・つ・る**인 1그룹 동사의 반말체 과거 긍정형'은 아래와 같음.
(*덧붙여 반말체 과거 긍정형을 올려 읽으면 '반말체 과거 의문형'이 됨.)

> 1그룹 동사(어미가 **う・つ・る**)의 어간 + **った** = _____했다[했어]

買う(사다) → **買った**(샀다) / **待つ**(기다리다) → **待った**(기다렸다)

切る(자르다) → **切った**(잘랐다)

髪 = 머리(카락)

<ruby>髪<rt>かみ</rt></ruby>、	<ruby>切<rt>き</rt></ruby>った?
머리,	잘랐어?

▼

<ruby>髪<rt>かみ</rt></ruby>、<ruby>切<rt>き</rt></ruby>った?
머리, 잘랐어?

문장 3번 따라 쓰기

응용 문장 2번씩 쓰기

① 얼마에 샀어?

힌트 いくらで = 얼마에 / 買^かう = 사다

② 한 시간이나 기다렸어?

힌트 1時間^{いち じ かん}も = 한 시간이나 / 待^まつ = 기다리다

듣고 따라 말하기

MP3_092

응용 문장 모범 답안

① いくらで買^かった？

② 1時間^{いち じ かん}も待^まった？

<ruby>右<rt>みぎ</rt></ruby>のボタンを
<ruby>押<rt>お</rt></ruby>した。

오른쪽 버튼을 눌렀다.

문장 파헤치기

'어미가 **す**인 1그룹 동사의 반말체 과거 긍정형'은 아래와 같음.

1그룹 동사(어미가 **す**)의 어간 + した = _____했다[했어]

<ruby>押<rt>お</rt></ruby>す(누르다, 밀다) → <ruby>押<rt>お</rt></ruby>した(눌렀다, 밀었다)

('~을[를] 누르다/밀다'라고 말할 땐 누르는/미는 대상 뒤에 조사 **を**를 붙임.)

<ruby>右<rt>みぎ</rt></ruby> = 오른쪽 / **ボタン** = 버튼

→ <ruby>右<rt>みぎ</rt></ruby>の**ボタン** = 오른쪽(의) 버튼

<ruby>右<rt>みぎ</rt></ruby>のボタンを	<ruby>押<rt>お</rt></ruby>した。
오른쪽 버튼을	눌렀다.

▼

<ruby>右<rt>みぎ</rt></ruby>のボタンを<ruby>押<rt>お</rt></ruby>した。
오른쪽 버튼을 눌렀다.

문장 3번 따라 쓰기

응용 문장 2번씩 쓰기

① 친구와 장래에 대해 얘기했다.

힌트 友達と = 친구와 / 将来について = 장래에 대해 / 話す = 얘기하다
<small>ともだち</small>   <small>しょうらい</small>   <small>はな</small>

② SNS에서 아르바이트를 찾았다.

힌트 SNSで = SNS에서 / アルバイト = 아르바이트 / 探す = 찾다
                                           <small>さが</small>

듣고 따라 말하기

MP3_093

응용 문장 모범 답안

① 友達と将来について話した。
<small>ともだち</small>   <small>しょうらい</small>   <small>はな</small>

② SNS でアルバイトを探した。
                          <small>さが</small>

DAY 094

<ruby>家<rt>いえ</rt></ruby>の<ruby>近<rt>ちか</rt></ruby>くの<ruby>公園<rt>こうえん</rt></ruby>で
<ruby>遊<rt>あそ</rt></ruby>んだ。

집 근처 공원에서 놀았어.

문장 파헤치기

'어미가 **む・ぬ・ぶ**인 1그룹 동사의 반말체 과거 긍정형'은 아래와 같음.

> 1그룹 동사(어미가 **む・ぬ・ぶ**)의 어간 + んだ = ___했다[했어]

<ruby>飲<rt>の</rt></ruby>む(마시다) → <ruby>飲<rt>の</rt></ruby>んだ(마셨다) / <ruby>死<rt>し</rt></ruby>ぬ(죽다) → <ruby>死<rt>し</rt></ruby>んだ(죽었다)

<ruby>遊<rt>あそ</rt></ruby>ぶ(놀다) → <ruby>遊<rt>あそ</rt></ruby>んだ(놀았다)

<ruby>家<rt>いえ</rt></ruby> = 집 / <ruby>近<rt>ちか</rt></ruby>く = 근처, 가까운 곳 / <ruby>公園<rt>こうえん</rt></ruby> = 공원

→ <ruby>家<rt>いえ</rt></ruby>の<ruby>近<rt>ちか</rt></ruby>くの<ruby>公園<rt>こうえん</rt></ruby> = 집(의) 근처(의) 공원

<ruby>家<rt>いえ</rt></ruby>の<ruby>近<rt>ちか</rt></ruby>くの<ruby>公園<rt>こうえん</rt></ruby>で	<ruby>遊<rt>あそ</rt></ruby>んだ。
집 근처 공원에서	놀았어.

▼

<ruby>家<rt>いえ</rt></ruby>の<ruby>近<rt>ちか</rt></ruby>くの<ruby>公園<rt>こうえん</rt></ruby>で<ruby>遊<rt>あそ</rt></ruby>んだ。

집 근처 공원에서 놀았어.

문장 3번 따라 쓰기

응용 문장 2번씩 쓰기

① 방금 약을 먹었어.

힌트 さっき = 방금 / 薬を飲む = 약을 먹다

② 작년에 키우던 개가 죽었다.

힌트 去年 = 작년(에) / 飼い犬 = 키우던 개 / 死ぬ = 죽다

듣고 따라 말하기

MP3_094

응용 문장 모범 답안
① さっき薬を飲んだ。
② 去年飼い犬が死んだ。

229

DAY 095

朝ご飯、食べた?
<ruby>朝<rt>あさ</rt></ruby>ご<ruby>飯<rt>はん</rt></ruby>、<ruby>食<rt>た</rt></ruby>べた?

아침밥, 먹었어?

문장 파헤치기

'2그룹 동사의 반말체 과거 긍정형'은 어미(る)를 탈락시킨 후 뒤에 た를 붙임.

2그룹 동사(어미(る) 탈락) + た = ____했다[했어]

<ruby>食<rt>た</rt></ruby>べる(먹다) → <ruby>食<rt>た</rt></ruby>べる → <ruby>食<rt>た</rt></ruby>べた(먹었다)

<ruby>降<rt>お</rt></ruby>りる(내리다) → <ruby>降<rt>お</rt></ruby>りる → <ruby>降<rt>お</rt></ruby>りた(내렸다)

<ruby>閉<rt>し</rt></ruby>める(닫다) → <ruby>閉<rt>し</rt></ruby>める → <ruby>閉<rt>し</rt></ruby>めた(닫았다)

<ruby>朝<rt>あさ</rt></ruby>ご<ruby>飯<rt>はん</rt></ruby> = 아침밥

<ruby>朝<rt>あさ</rt></ruby>ご<ruby>飯<rt>はん</rt></ruby>、	<ruby>食<rt>た</rt></ruby>べた?
아침밥,	먹었어?

▼

<ruby>朝<rt>あさ</rt></ruby>ご<ruby>飯<rt>はん</rt></ruby>、<ruby>食<rt>た</rt></ruby>べた?
아침밥, 먹었어?

문장 3번 따라 쓰기

응용 문장 2번씩 쓰기

① 신주쿠역에서 내렸어?

힌트 <ruby>新宿駅<rt>しんじゅくえき</rt></ruby>で = 신주쿠역에서

② 문 꽉 닫았어?

힌트 ドア = 문 / しっかり = 꽉, 똑똑히

듣고 따라 말하기

응용 문장 모범 답안

① <ruby>新宿駅<rt>しんじゅくえき</rt></ruby>で<ruby>降<rt>お</rt></ruby>りた?

② ドアしっかり<ruby>閉<rt>し</rt></ruby>めた?

やっと私_{わたし}にも 春_{はる}が来_きた。

드디어 내게도 봄이 왔다.

문장 파헤치기

'3그룹 동사의 반말체 과거 긍정형'은 불규칙 형태이므로 그냥 암기.

来_くる(오다) → 来_きた(왔다)

する(하다) → した(했다)

やっと = 드디어, 겨우

~にも = ~에(게)도 → 私_{わたし}にも = 나에게도[내게도]

春_{はる} = 봄

やっと	私_{わたし}にも	春_{はる}が	来_きた。
드디어	내게도	봄이	왔다.

▼

やっと私_{わたし}にも春_{はる}が来_きた。
드디어 내게도 봄이 왔다.

문장 3번 따라 쓰기

응용 문장 2번씩 쓰기

① 여기는 몇 번이고 왔다.

힌트 ここ = 여기 / 何度も = 몇 번이고

② 밤늦게 전화를 했다.

힌트 夜遅くに = 밤늦게 / 電話 = 전화

듣고 따라 말하기

MP3_096

응용 문장 모범 답안

① ここは何度も来た。

② 夜遅くに電話をした。

走る前には
必ずストレッチをします。

달리기 전에는 반드시 스트레칭을 합니다.

'(~하기) 전'이라는 뜻의 前 앞엔 '동사의 현재형'이 옴.

동사의 현재형 + 前 = ___하기 전

走る = 달리다 → 走る前(には) = 달리기 전(에는)

必ず = 반드시, 꼭 / ストレッチ = 스트레칭

する = 하다 (3그룹 동사) → します = 합니다

走る前には	必ず	ストレッチを	します。
달리기 전에는	반드시	스트레칭을	합니다.

▼

走る前には必ずストレッチをします。
달리기 전에는 반드시 스트레칭을 합니다.

문장 3번 따라 쓰기

응용 문장 2번씩 쓰기

① 저는 매일 외출하기 전에 화장을 해요.

힌트 毎日 = 매일 / 出かける = 외출하다 / メイクをする = 화장을 하다

② 영화관에 들어가기 전에 티켓을 보여줍니다.

힌트 映画館に入る = 영화관에 들어가다 / チケット = 티켓 / 見せる = 보여주다

듣고 따라 말하기

응용 문장 모범 답안

① 私は毎日出かける前にメイクをします。
② 映画館に入る前にチケットを見せます。

235

_____월 _____일

いつもお風呂(ふろ)に入(はい)った後(あと)に 寝(ね)ます。

항상 목욕한 후에 잡니다.

문장 파헤치기

'(~한) 후'라는 뜻의 **後(あと)** 앞엔 '동사의 과거형'이 옴.

동사의 과거형 + 後(あと) = _____한 후

お風呂(ふろ)に入(はい)る = 목욕하다 (어미가 **る**인 1그룹 동사)

→ お風呂(ふろ)に入(はい)った = 목욕했다 → お風呂(ふろ)に入(はい)った後(あと)(に) = 목욕한 후(에)

寝(ね)る = 자다 (2그룹 동사) → 寝(ね)ます = 잡니다

いつも	お風呂(ふろ)に入(はい)った後(あと)に	寝(ね)ます。
항상	목욕한 후에	잡니다.

▼

いつもお風呂(ふろ)に入(はい)った後(あと)に寝(ね)ます。

항상 목욕한 후에 잡니다.

236

문장 3번 따라 쓰기

응용 문장 2번씩 쓰기

① 싸우고 나서부터[싸움한 후부터] 연락이 안 온다.

힌트 *ケンカする* = 싸움하다 / *~から* = ~부터 / *連絡が来る* = 연락이 오다

② 치료가 끝난 후에도 병원에 다니나요?

힌트 *治療* = 치료 / *終わる* = 끝나다 / *病院に通う* = 병원에 다니다

듣고 따라 말하기

MP3_098

응용 문장 모범 답안

① ケンカした後から連絡が来ない。

② 治療が終わった後も病院に通いますか？

237

予約する時は
ネットを使います。

예약할 때는 인터넷을 사용합니다.

문장 파헤치기

동사의 보통형: 다양한 형태(현재/과거/긍정/부정형 등)의 반말체 동사를 의미.

동사의 보통형 + 명사 = _____ 할/한/하지 않을/하지 않던 _____

予約する = 예약하다 (3그룹 동사) / 時 = 때

→ 予約する時 = 예약할 때 (*'동사의 반말체 현재 긍정형' 사용)

ネット = 인터넷

使う = 사용하다 (1그룹 동사) → 使います = 사용합니다

予約する時は	ネットを	使います。
예약할 때는	인터넷을	사용합니다.

▼

予約する時はネットを使います。
예약할 때는 인터넷을 사용합니다.

문장 3번 따라 쓰기

응용 문장 2번씩 쓰기

① 잘 먹는 사람이 좋아요.

힌트　よく = 잘 / 食べる = 먹다 / 人 = 사람 / 好きだ = 좋아하다

② 컴퓨터를 쓰지[사용하지] 않을 때는 전원을 끈다.

힌트　パソコン = 컴퓨터 / 電源を切る = 전원을 끄다

듣고 따라 말하기

응용 문장 모범 답안

① よく食べる人が好きです。

② パソコンを使わない時は電源を切ります。

239

先_{さき}に言_いった人_{ひと}が 勝_かち!

먼저 말한 사람이 이긴 것!

문장 파헤치기

앞서 배운 '동사의 보통형 + 명사' 표현을 좀 더 연습해 보기!

言_いう = 말하다 (어미가 う인 1그룹 동사)

→ 言_いった = 말했다 (반말체 과거 긍정형)

言_いった(말했다) + 人_{ひと}(사람) = 言_いった人_{ひと}(말한 사람)

先_{さき}に = 먼저 → 先_{さき}に言_いった人_{ひと} = 먼저 말한 사람

勝_かち = 이김, 승리

先_{さき}に言_いった人_{ひと}が	勝_かち!
먼저 말한 사람이	승리[이긴 것]!

▼

先_{さき}に言_いった人_{ひと}が勝_かち!

먼저 말한 사람이 이긴 것!

문장 3번 따라 쓰기

응용 문장 2번씩 쓰기

① 아침에 일어났을 때 추웠어요.

힌트 朝起きる = 아침에 일어나다 / 時 = 때 / 寒い = 춥다

② 이것이 팔리지 않았던 이유를 모르겠다.

힌트 これ = 이것 / 売れる = 팔리다 / 理由 = 이유 / わからない = 모르다

듣고 따라 말하기

응용 문장 모범 답안

① 朝起きた時寒かったです。

② これが売れなかった理由がわからない。

매일 1장

일본어 쓰기 습관

100일의 기적

私は日本語の勉強をする

부록

핵심 문법 총정리

準備ができました

CHAPTER 01 [명사]이다

[주어] 뒤에 붙여 쓰는 '조사' 및 [명사] 뒤에 붙여 쓰는 다양한 '긍정형 표현' 총정리.

① 주어 + **は/が/も** = ___은[는]/이[가]/도
  私は = 저는 / **彼が** = 그가 / **今日も** = 오늘도

② 명사 + **です** = ___입니다[이에요]
  私は会社員です。 = 저는 회사원입니다.

③ 명사 + **ですか** = ___입니까[이에요]?
  彼が彼氏ですか。 = 그가 남자친구입니까?

④ 명사 + **だ** = ___이다[야]
  やっぱり夏はアイスコーヒーだ。 = 역시 여름은 아이스커피야.

⑤ 명사? = ___야?
  今日もサラダ? = 오늘도 샐러드야?

⑥ 명사 + **の** + 명사 = ___의 ___
  私はあなたのファンです。 = 저는 당신의 팬입니다.

⑦ 명사 + **でした** = ___이었습니다[이었어요]
  今日のお昼ごはんはおにぎりでした。 = 오늘 점심밥은 주먹밥이었습니다.

⑧ 명사 + **でしたか** = ___이었습니까[이었어요]?
  日本語のテストはいつでしたか。 = 일본어 시험은 언제였습니까?

⑨ 명사 + **だった** = ___이었다[이었어]
  彼女は僕の初恋だった。 = 그녀는 내 첫사랑이었어.

⑩ 명사 + **だった?** = ___이었어?
  東京も雪だった? = 도쿄도 눈이었어? (도쿄도 눈이 왔어?)

CHAPTER 02 [명사]가 아니다

[명사] 뒤에 붙여 쓰는 다양한 '부정형 표현' 총정리.

① <u>명사 + じゃありません</u> = ___이[가] 아닙니다[아니에요]
月曜日は休みじゃありません。 = 월요일은 <u>쉬는 날이 아닙니다</u>.

② <u>명사 + じゃないです</u> = ___이[가] 아니에요[아닙니다]
まだ大人じゃないです。 = 아직 <u>어른이 아니에요</u>.

③ <u>명사 + じゃありませんか</u> = ___이[가] 아닙니까[아니에요]?
もしかして田中さんじゃありませんか。 = 혹시 <u>다나카 씨(가) 아닙니까</u>?

④ <u>명사 + じゃないですか</u> = ___이[가] 아니에요[아닙니까]?
あなたのタイプじゃないですか。 = 당신의 <u>스타일이 아니에요</u>?

⑤ <u>명사 + じゃない</u> = ___이[가] 아니다[아니야]
この服はセールじゃない。 = 이 옷은 <u>세일이 아니야</u>.

⑥ <u>명사 + じゃない?</u> = ___이[가] 아니야?
今アメリカは夜じゃない? = 지금 미국은 <u>밤이 아니야</u>?

⑦ <u>명사 + じゃありませんでした</u> = ___이[가] 아니었습니다[아니었어요]
ホテルはソウルじゃありませんでした。 = 호텔은 <u>서울이 아니었습니다</u>.

⑧ <u>명사 + じゃなかったです</u> = ___이[가] 아니었어요[아니었습니다]
いつものお弁当じゃなかったです。 = 늘 먹던 <u>도시락이 아니었어요</u>.

⑨ <u>명사 + じゃなかった</u> = ___이[가] 아니었다[아니었어]
全然イケメンじゃなかった。 = 전혀 <u>훈남이 아니었어</u>.

⑩ <u>명사 + じゃなかったですか</u> = ___이[가] 아니었습니까[아니었어요]?
今日もアルバイトじゃなかったですか。 = 오늘도 <u>아르바이트가 아니었나요</u>?

CHAPTER 03 [い형용사]이다

[い형용사]의 기본형 및 [い형용사] 뒤에 붙여 쓰는 다양한 '긍정형 표현' 총정리.

① **い**형용사의 기본형 = 어간 + 어미(**い**) **強** + **い** → **強い**(강하다)

② **い**형용사 + **です** = ___입니다[이에요]
   今日は風が強いです。= 오늘은 바람이 강합니다.

③ **い**형용사 = ___이다[야]
   最近は毎日が楽しい。= 요새는 매일이 즐거워.

④ **い**형용사 + **ですか** = ___입니까[이에요]?
   家から会社まで近いですか。= 집에서 회사까지 가까워요?

⑤ **い**형용사 + **の?** = ___야?
   駅まで近いの? = 역까지 가까워?

⑥ **い**형용사의 어간 + **かったです** = ___였습니다[였어요]
   高校の先生は優しかったです。= 고등학교 선생님은 상냥했어요.

⑦ **い**형용사의 어간 + **かった** = ___였다[였어]
   日本人の友達がほしかった。= 일본인 친구를 갖고 싶었어.

⑧ **い**형용사의 어간 + **かったですか** = ___였습니까[였어요]?
   これとそれとどちらが軽かったですか。= 이거랑 그거랑 어느 쪽이 가벼웠어요?

⑨ **い**형용사의 어간 + **かったの?** = ___였어?
   子供の時から背が高かったの? = 어렸을 때부터 키가 컸어?

⑩ **い**형용사 + **ね** = ___네[구나] / **い**형용사 + **よ** = ___야[란다]
   ポケベル、懐かしいね。= 삐삐, 그립네.
   こっちの方が甘いよ。= 이쪽이 더 달아.

CHAPTER 04

[い형용사]이지 않다

[い형용사] 뒤에 붙여 쓰는 다양한 '부정형 표현' 총정리.

① **い**형용사의 어간 + **くありません** = ___지 않습니다[않아요]
夏休みはあまり長くありません。 = 여름 휴가는 별로 길지 않습니다.

② **い**형용사의 어간 + **くないです** = ___지 않아요[않습니다]
プサンは奈良より暑くないです。 = 부산은 나라보다 덥지 않아요.

③ **い**형용사의 어간 + **くない** = ___지 않다[않아]
今日の私は全然かわいくない。 = 오늘의 나는 전혀 귀엽지 않아.

④ **い**형용사의 어간 + **くないですか** = ___지 않아요[않습니까]?
音楽の音が大きくないですか。 = 음악 소리가 크지 않나요?

⑤ **い**형용사의 어간 + **くない?** = ___지 않아?
なんか体熱くない? = 뭔가 몸 뜨겁지 않아?

⑥ **い**형용사의 어간 + **くありませんでした** = ___지 않았습니다[않아요]
頭はあまり痛くありませんでした。 = 머리는 별로 아프지 않았습니다.

⑦ **い**형용사의 어간 + **くなかったです** = ___지 않았어요[않았습니다]
私は少しも悲しくなかったです。 = 저는 조금도 슬프지 않았어요.

⑧ **い**형용사의 어간 + **くなかった** = ___지 않았대[않았어]
先月は今月ほど忙しくなかった。 = 지난달은 이번 달만큼 바쁘지 않았어.

⑨ **い**형용사의 어간 + **くありませんでしたか** = ___지 않았습니까[않았어요]?
ここまで遠くありませんでしたか。 = 여기까지 멀지 않았습니까?

⑩ **い**형용사의 어간 + **くなかった?** = ___지 않았어?
スーパーの方が安くなかった? = 슈퍼가 더 싸지 않았어?

CHAPTER 05

[な형용사]이다

[な형용사]의 기본형 및 [な형용사] 뒤에 붙여 쓰는 다양한 '긍정형 표현' 총정리.

① **な**형용사의 기본형 = 어간 + 어미(<u>だ</u>)　**有名** + **だ** → **有名<u>だ</u>**(유명하다)

② <u>**な**형용사의 어간 + **です**</u> = ___입니다[이에요]
　日本は温泉が<u>有名</u>です。= 일본은 온천이 유명해요.

③ <u>**な**형용사의 어간(+ **だ**)</u> = ___이다[야]
　お風呂掃除がすごく<u>大変</u>(だ)。= 목욕탕 청소가 엄청 힘들어.

④ <u>**な**형용사의 어간 + **ですか**</u> = ___입니까[이에요]?
　家族は<u>元気</u>ですか。= 가족들은 잘 지내요?

⑤ <u>**な**형용사의 어간(+ **なの**)?</u> = ___야?
　どんな人が<u>好き</u>(なの)? = 어떤 사람을 좋아해?

⑥ <u>**な**형용사의 어간 + **でした**</u> = ___였습니다[였어요]
　新幹線の中は<u>静か</u>でした。= 신칸센 안은 조용했어요.

⑦ <u>**な**형용사의 어간 + **だった**</u> = ___였다[였어]
　昔から英語が<u>得意</u>だった。= 옛날부터 영어를 잘했다.

⑧ <u>**な**형용사의 어간 + **でしたか**</u> = ___였습니까[였어요]?
　イタリアの交通は<u>便利</u>でしたか。= 이탈리아 교통은 편리했어요?

⑨ <u>**な**형용사의 어간 + **だった?**</u> = ___였어?
　昨日の月も<u>きれい</u>だった? = 어제 달도 예뻤어?

⑩ <u>**な**형용사 + **ね**</u> = ___네[구나] / <u>**な**형용사 + **よ**</u> = ___야[란다]
　そのくつ、<u>派手</u>だね。= 그 신발, 화려하네.
　片想いでも<u>幸せ</u>だよ。= 짝사랑이라도 행복해.

CHAPTER 06 [な형용사]이지 않다

[な형용사] 뒤에 붙여 쓰는 다양한 '부정형 표현' 총정리.

① な형용사의 어간 + じゃありません = ___지 않습니다[않아요]
　この車はあまり丈夫じゃありません。= 이 차는 별로 튼튼하지 않습니다.

② な형용사의 어간 + じゃないです = ___지 않아요[않습니다]
　失敗は決して無駄じゃないです。= 실패는 결코 쓸데없지 않아요.

③ な형용사의 어간 + じゃない = ___지 않다[않아]
　この森はもう安全じゃない。= 이 숲은 더 이상 안전하지 않아.

④ な형용사의 어간 + じゃないですか = ___지 않습니까[않아요]?
　前髪、邪魔じゃないですか。= 앞머리, 걸리적거리지 않아요?

⑤ な형용사의 어간 + じゃない? = ___지 않아?
　この問題、変じゃない? = 이 문제, 이상하지 않아?

⑥ な형용사의 어간 + じゃありませんでした = ___지 않았습니다[않아요]
　20代の頃は素直じゃありませんでした。= 20대 때는 솔직하지 않았습니다.

⑦ な형용사의 어간 + じゃなかったです = ___지 않았어요[않았습니다]
　田舎生活は不便じゃなかったです。= 시골 생활은 불편하지 않았어요.

⑧ な형용사의 어간 + じゃなかった = ___지 않았다[않았어]
　元彼はハンサムじゃなかった。= 전 남자친구는 잘생기지 않았어.

⑨ な형용사의 어간 + じゃありませんでしたか = ___지 않았습니까[않았어요]?
　顔がそっくりじゃありませんでしたか。= 얼굴이 너무 닮지 않았어요?

⑩ な형용사의 어간 + じゃなかった? = ___지 않았어?
　彼の声、素敵じゃなかった? = 그 사람 목소리, 멋지지 않았어?

CHAPTER 07 연결해서 말하기

두 가지 요소를 연결해서 말하는 다양한 연결 표현 총정리.

① 명사 + **の** + 명사 = ___의 ___

松本くんは学校の友達です。 = 마츠모토는 학교(의) 친구예요.

② **い**형용사의 기본형 + 명사 = ___인 ___

サウジアラビアはとても暑い国だ。 = 사우디아라비아는 정말 더운 나라다.

③ **な**형용사(어미(**だ**)가 **な**로 변화) + 명사 = ___인 ___

昨日は暇な日だった。 = 어제는 한가한 날이었어.

④ 명사 + **で** = ___(이)고 / ___(여)서

イさんは韓国からの留学生で今は大学3年生です。
= 이 씨는 한국에서 온 유학생이고 지금은 대학교 3학년이에요.

今日は日曜日で休みです。 = 오늘은 일요일이어서 휴무예요.

⑤ **い**형용사의 어간 + **くて** = ___(이)고 / ___(여)서

昨夜からかゆくて痛いです。 = 어젯밤부터 간지럽고 아파요.

冬は寒くて苦手です。 = 겨울은 추워서 질색이에요.

⑥ **な**형용사의 어간 + **で** = ___(이)고 / ___(여)서

子供たちはみんな素直で元気だ。 = 아이들은 모두 순수하고 활기차요.

わがままで友達がいない。 = 제멋대로 굴어서 친구가 없다.

⑦ [**-で/-くて**] 문맥에 따라 두 가지로 해석 가능한 경우

夜の桜もロマンチックで素敵ですね。
= 밤에 보는 벚꽃도 로맨틱하고[로맨틱해서] 근사하네요.

このクッキーは甘くておいしいです。
= 이 쿠키는 달고[달아서] 맛있어요.

CHAPTER 08 ~한다/합니다

동사의 종류 및 동사의 '반말체 제안형 & 높임체 현재/과거 긍정(의문)형' 총정리.

① 동사의 종류 및 동사별 형태

1그룹 동사	2그룹/3그룹 동사를 제외한 모든 동사.
2그룹 동사	る로 끝나면서 る의 앞 음절이 **い•え**단인 동사.
3그룹 동사	3그룹 동사는 딱 2개. – '**来る(くる)**, **する**'
예외 1그룹 동사	형태는 2그룹인데 활용 방식은 1그룹을 따르는 동사.

② 동사 원형? = ___할래[할까]?

　行く(가다) → **一緒に行く?** = (같이 갈래?)

③ 1그룹 동사(어미를 '**い**단'으로 변경) + **ます** = ___합니다[해요]

　乗る(타다) → **乗ります**(탑니다)

④ 2그룹 동사(어미(**る**) 탈락) + **ます** = ___합니다[해요]

　見る(보다) → **見ます**(봅니다)

⑤ 3그룹 동사(불규칙 변화) + **ます** = ___합니다[해요]

　する(하다) → **します**(합니다)
　(**来(く)る**(오다) → **来(き)ます**(옵니다)

⑥ '높임체 현재 긍정형'에서 **ます** → **ますか** = ___합니까[해요]?

　[2그룹] **起きる**(일어나다) → **起きます** → **起きますか**(일어납니까?)

⑦ '높임체 현재 긍정형'에서 **ます** → **ました** = ___했습니다[했어요]

　[1그룹] **切る**(자르다) → **切ります** → **切りました**(잘랐습니다)

⑧ '높임체 현재 긍정형'에서 **ます** → **ましたか** = ___했습니까[했어요]?

　[1그룹] **終わる**(끝나다) → **終わります** → **終わりましたか**(끝났어요?)

동사의 '반말체 현재/과거 부정(의문)형, 높임체 현재/과거 부정(의문)형' 총정리.

① 1그룹 동사(어미를 '**あ**단'으로 변경) + **ない** = ___하지 않(는)다

(*단, う로 끝나는 동사는 어미(**う**)를 **わ**로 바꾼 후 **ない**를 붙임.)

話す(이야기하다) → **話さない**(이야기하지 않(는)다)

買う(사다) → **買わない**(사지 않(는)다)

② 2그룹 동사(어미(**る**) 탈락) + **ない** = ___하지 않(는)다

いる(있다) → **いない**(있지 않다)

③ 3그룹 동사(불규칙 변화) + **ない** = ___하지 않(는)다

する(하다)/**来(く)る**(오다) → **しない**/**来(こ)ない**(하지/오지 않(는)다)

④ '반말체 현재 부정형'에서 **ない** → **なかった** = ___하지 않았다

[3그룹] **する**(하다) → **しない** → **しなかった**(하지 않았다)

⑤ '높임체 현재 긍정형'에서 **ます** → **ません** = ___하지 않습니다[않아요]

[1그룹] **休む**(쉬다) → **休みます** → **休みません**(쉬지 않습니다)

⑥ '높임체 현재 긍정형'에서 **ます** → **ませんでした** = ___하지 않았습니다[않았어요]

[2그룹] **着る**(입다) → **着ます** → **着ませんでした**(입지 않았습니다)

⑦ 반말체 과거 부정형 + **です** = ___하지 않았어요[않았습니다]

[1그룹] **歌う**(부르다) → **歌わなかったです**(부르지 않았어요)

⑧ '높임체 현재 긍정형'에서 **ます** → **ませんでしたか** = ___하지 않았습니까[않았어요]?

[1그룹] **消す**(끄다) → **消します** → **消しませんでしたか**(끄지 않았습니까?)

⑨ 반말체 과거 부정형(+ **の**)? = (왜) ___하지 않았어?

[1그룹] **読む**(읽다) → **読まなかった(の)?**((왜) 읽지 않았어?)

동사의 '반말체 과거 긍정형' 및 '동사 + 명사' 표현 총정리.

① 1그룹 동사(어미가 **く/ぐ**)의 어간 + **いた/いだ** = ___했다[했어]

書く(쓰다) → **書いた**(썼다) / **泳ぐ**(헤엄치다) → **泳いだ**(헤엄쳤다)

② 1그룹 동사(어미가 **う・つ・る**)의 어간 + **った** = ___했다[했어]

買う(사다) → **買った**(샀다) / **待つ**(기다리다) → **待った**(기다렸다)
切る(자르다) → **切った**(잘랐다)

③ 1그룹 동사(어미가 **す**)의 어간 + **した** = ___했다[했어]

押す(누르다, 밀다) → **押した**(눌렀다, 밀었다)

④ 1그룹 동사(어미가 **む・ぬ・ぶ**)의 어간 + **んだ** = ___했다[했어]

飲む(마시다) → **飲んだ**(마셨다) / **死ぬ**(죽다) → **死んだ**(죽었다)
遊ぶ(놀다) → **遊んだ**(놀았다)

⑤ 2그룹 동사(어미(**る**) 탈락) + **た** = ___했다[했어]

食べる(먹다) → **食べた**(먹었다)

⑥ 3그룹 동사(불규칙 변화) + **た** = ___했다[했어]

する(하다)/**来(く)る**(오다) → **した/来(き)た**(했다/왔다)

⑦ 동사의 현재형 + **前** = ___하기 전 / 동사의 과거형 + **後** = ___한 후

[예외 1그룹] **走る**(달리다) → **走る前**(달리기 전)
[1그룹] **お風呂に入る**(목욕하다) → **お風呂に入った**(목욕했다)
　　　→ **お風呂に入った後**(목욕한 후)

⑧ 동사의 보통형 + 명사 = ___할/한/하지 않을/하지 않던 ___

[3그룹] **予約する**(예약하다) → **予約する時**(예약할 때)
[1그룹] **言う**(말하다) → **言った人**(말한 사람)

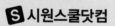